TABLE OF CONTENTS

Leçon 1 1

Leçon 2 13

Leçon 3 23

Leçon 4 33

Leçon 5 43

Leçon 6 53

Leçon 7 67

Leçon 8 79

Leçon 9 95

Leçon 10 107

Leçon 11 119

Leçon 12 131

Leçon 13 145

Leçon 14 159

Leçon 15 171

Leçon 16 183

INTRODUCTION

This workbook is designed to reinforce and expand upon the textbook material. It offers a variety of written exercises, including puzzles and situational activities, where students can practice what they have learned in class. Both language skills and cultural content are checked. Each exercise in the workbook has been carefully coordinated with the text. The notation "Wkbk." in the text corresponds to the point where the material necessary for successful completion of the exercise has been fully presented.

Le français vivant 1

Workbook
Teacher's Edition

Alfred G. Fralin
Christiane Szeps-Fralin

EMC Publishing, St. Paul, Minnesota

ISBN 0-8219-0518-X

© 1991 by EMC Corporation

Published by EMC Publishing
300 York Avenue
St. Paul, Minnesota 55101

Printed in the United States of America
0 9 8 7 6 5 4 3

Leçon 1

1. On this map find seven cities where French is spoken. List them below giving their French names.

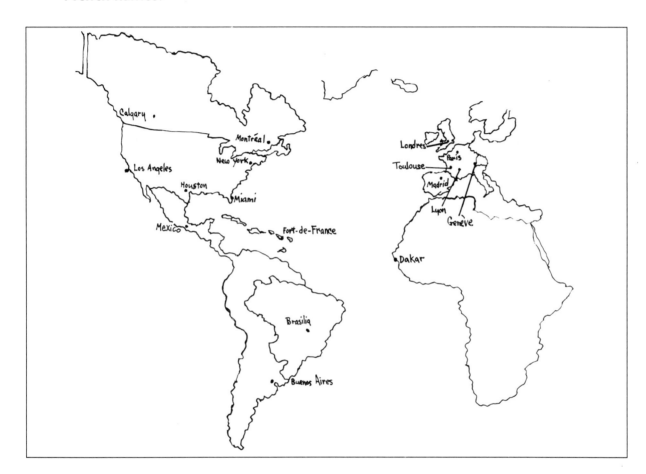

1. _____Paris_____   5. ____Fort-de-France____

2. _____Dakar_____   6. _____Lyon_____

3. _____Montréal_____   7. _____Toulouse_____

4. _____Genève_____

2. Now give the French name of the country in which each city in Exercise 1 is located. Keep the same order.

1. _____ **France** _____

2. _____ **Sénégal** _____

3. _____ **Canada** _____

4. _____ **Suisse** _____

5. _____ **Martinique** _____

6. _____ **France** _____

7. _____ **France** _____

3. In the following list put **G** (**garçon**) in front of a boy's name and **F** (**fille**) in front of a girl's name.

G	Alexandre	G	Jérôme
F	Christiane	G	François
F	Jeanne	G	Thierry
G	Louis	G	Michel
F	Marie-France	F	Mireille
G	Christophe	F	Sabine
F	Martine	G	Bernard
F	Claire	F	Gabrielle
G	Daniel	G	Frédéric
F	Cécile	F	Élodie
F	Françoise	G	Mathieu
G	Jean	G	Christian
F	Denise	F	Michèle

4. Choose the expression from the following list that correctly completes each sentence and write it in the blank.

sympa	au revoir	aujourd'hui
l'école	voici	aussi
mais		

1. _____ **Voici** _____ Mireille. C'est une amie.

2. Voilà Georges. C'est _____ **aussi** _____ un ami.

3. Thierry est à _____ **l'école** _____.

4. Voilà Marie-Christine, _____ **mais** _____ où est Pierre?

5. Monsieur Bonin est _____ **sympa** _____.

6. Comment ça va _____ **aujourd'hui** _____?

7. _____ **Au revoir** _____, Madame.

5. Add the missing letters horizontally to find five French greetings or farewells. Can you find the mystery word spelled vertically in the squares?

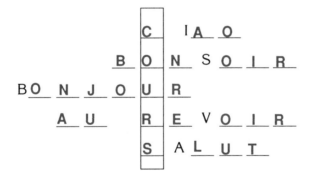

C   I <u>A</u>   <u>O</u>

B O N   S <u>O</u>   I <u>R</u>

B <u>O</u> N J O U R

A U   R E V <u>O</u>   I R

S A L <u>U</u> T

6. In the following letter grid find the names of twelve classroom objects in French. The letters may go horizontally, vertically or diagonally. Write each word in an appropriate space below the grid.

un **T A B L E A U   N O I R**   une **P O R T E**

un **C R A Y O N**   une **A F F I C H E**

un **S T Y L O**   une **F E N Ê T R E**

un **L I V R E**   une **G O M M E**

un **B U R E A U**   une **C H A I S E**

un **C A H I E R**   une **C A R T E**

7. Unscramble the letters to find French words you've learned. The first letter is always given first.

1. rteénre _____ rentrée
2. éolce _____ école
3. adu'ojruiuh _____ aujourd'hui
4. csesteta _____ cassette
5. ctare _____ carte
6. biroosn _____ bonsoir
7. vlàio _____ voilà
8. lgaune _____ langue
9. gçanor _____ garçon
10. acefhfi _____ affiche

8. Fill in the missing parts of the dialogue below with the following expressions.

| très bien | à l'école | comment | ça va | où |
| va bien | qui | c'est un ami | tiens | salut |

—_____Salut_____, Michel. Comment ___ça va___ ?

—_Très bien___, merci. ___Où___ est Jean?

—Il est _à l'école_ .

—Et ___comment___ va Marie-Laure?

—Elle **va bien** . ___Tiens___ , ___qui___ est-ce?

—C'est Paul. ____C'est un ami____ .

9. In the space provided, write the letter for the appropriate hello or good-bye that corresponds to each picture.

1.

2.

3.

4.

5.

6.

7.

8.

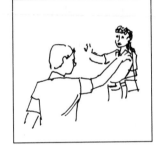

9.

1. ____f____

2. ____c____

3. ____g____

4. ____a____

5. ____d____

6. ____i____

7. ____b____

8. ____e____

9. ____h____

a)—Salut, Pierre.
  —Salut, Michel.

b)—Bonjour, Madame.
  —Bonjour, Mademoiselle.

c)—Bonjour, Alain.
  —Bonjour, Caroline.

d)—Bonjour, Madame.
  —Bonjour, Monsieur.

e)—Ciao, François.
  —Salut, Béatrice.

f)—Bonjour, Mireille.
  —Bonjour, Monsieur.

g)—Bonjour, Sylvie.
  —Bonjour, Brigitte.

h)—Au revoir, Philippe.
  —Au revoir, Madame.

i)—Bonjour, Monsieur.
  —Bonjour, Monsieur.

10. On the first day of school Martine meets or leaves the following friends and teachers. Write her response to each of them in the bubble above her.

Claire

Jean-Marc

Monsieur Blanchard

Jean-Pierre

Mlle Rosier

11. Answer Martine's questions affirmatively. Use **il** or **elle**.

MODÈLE: Didier est en classe?
Oui, il est en classe.

1. Madame Vialat est devant le lycée?

Oui, elle est devant le lycée.

2. Le professeur est en classe?

Oui, il est en classe.

3. Nicole habite à Paris?

Oui, elle habite à Paris.

4. Luc va bien?

   Oui, il va bien.

5. Monsieur Morot est sympa?

   Oui, il est sympa.

6. Mademoiselle Bunel va bien?

   Oui, elle va bien.

7. Philippe est à l'école?

   Oui, il est à l'école.

8. Marie-Christine parle à une amie?

   Oui, elle parle à une amie.

12. Help Mireille correctly identify the people and things pictured here.

MODÈLE:

C'est un garçon?
Non, c'est une fille.

 1. C'est un bureau?

   Non, c'est un
   pupitre.

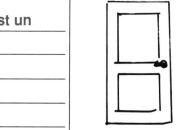 2. C'est une
   fenêtre?

   Non, c'est une
   porte.

 3. C'est un pro-
   fesseur?

   Non, c'est un
   médecin.

 4. C'est un stylo?

   Non, c'est un
   crayon.

5. C'est une salle
   de classe?

   Non, c'est un
   laboratoire de
   langues.

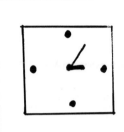

6. C'est une affiche?
   Non, c'est une
   pendule.

7. C'est un homme?
   Non, c'est une
   femme.

8. C'est une
   interprète?
   Non, c'est une
   artiste.

13. Sylvie sees one person and then asks about another. Tell her that the second person does the same thing as the first.

    MODÈLE: Voilà Martin. C'est un artiste. Et Martine?
               C'est une artiste aussi.

1. Voilà Monsieur Carel. C'est un secrétaire. Et Madame Carel?

   C'est une secrétaire aussi.

2. Voilà Monsieur Lemoine. C'est un professeur. Et Madame Lemoine?

   C'est un professeur aussi.

3. Voilà Paul. C'est un lycéen. Et Annette?

   C'est une lycéenne aussi.

4. Voilà Denise. C'est une artiste. Et Denis?

   C'est un artiste aussi.

5. Voilà Monsieur Bonin. C'est un médecin. Et Madame Bonin?

   C'est un médecin aussi.

6. Voilà Monsieur Blot. C'est un informaticien. Et Mademoiselle Dupré?

   C'est une informaticienne aussi.

7. Voilà Michel. C'est un élève. Et Sophie?

   C'est une élève aussi.

8. Voilà Madame Marceau. C'est une interprète. Et Monsieur Marceau?

   C'est un interprète aussi.

14. Answer Jean-Pierre's questions according to the pictures.

MODÈLE: Est-ce une fenêtre?
Oui, c'est une fenêtre.

1. Est-ce Caroline?
Non, c'est Marielle.

_____

_____

2. Est-ce un professeur?
Non, c'est une élève.

_____

_____

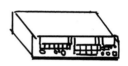

3. Est-ce un magnétophone?
Non, c'est un
magnétoscope.

_____

_____

4. Est-ce un crayon?
Non, c'est un stylo.

_____

_____

5. Est-ce Madame Blot?
Non, c'est Monsieur
Blot.

_____

_____

6. Est-ce une fille?
Oui, c'est une fille.

_____

_____

7. Est-ce un tableau noir?
Non, c'est une affiche.

_____

_____

8. Est-ce un interprète?
Non, c'est un artiste.

_____

_____

9. Est-ce un lycée?
Oui, c'est un lycée.

_____

_____

15. Complete each statement according to the cultural reading (**Actualité culturelle**) in **Leçon 1**.

1. French people either kiss each other lightly once or twice on the _____**cheek**_____, or they _____**shake hands**_____ when they meet.

2. The French handshake consists of only _____**one**_____ short up-down movement of the hands.

3. The expression _____**Salut**_____ is used to greet close friends and sometimes family members.

4. The Italian word **Ciao** is sometimes used instead of _____**Au revoir**_____ .

5. To a greeting the French add a person's _____**first name**_____ if they know the person quite well.

6. In France instead of saying simply _____**Bonjour**_____ to greet a teacher, you would say _____**Bonjour, Monsieur**_____ or _____**Bonjour, Madame**_____ .

Leçon 2

1. In the following letter grid find the French names of ten things associated with a school. The letters may go horizontally or vertically. Write out the words below.

```
T  A  I  L  L  E  C  R  A  Y  O  N
A  B  R  Y  F  M  A  Z  K  S  R  K
B  L  T  C  D  L  S  K  T  D  D  K
L  P  C  E  C  X  S  A  C  Z  I  C
E  L  X  E  L  Y  E  L  O  T  N  M
D  O  F  F  M  X  T  Y  U  X  A  P
U  M  D  B  T  Q  T  P  R  U  T  K
Y  T  B  O  I  T  E  R  S  P  E  U
P  S  I  L  Z  C  D  F  H  M  U  R
Q  A  M  T  D  K  A  C  O  U  R  Q
```

taille-crayon	table
sac	lycée
boîte	cassette
mur	cours
cour	ordinateur

2. Unscramble the following letters to find seven different French expressions.

1. àl asb — **là-bas**
2. ho àl àl — **oh là là**
3. lis' osuv atpîl — **s'il vous plaît**
4. he ibne — **eh bien**
5. momec ic omcem aç — **comme ci, comme ça**
6. aç av — **ça va**
7. sap alm — **pas mal**
8. ne necava — **en avance**

3. Robert meets Marc at school. Complete Marc's part of the dialogue with appropriate responses from the following list.

Oui, il est en avance.   Ciao, Robert.
Ils sont dans la rue.   Pas mal, merci. Et toi?
Oh là là! Moi aussi.   Il est en classe.
Là-bas avec Françoise.   Et voilà aussi Joseph.

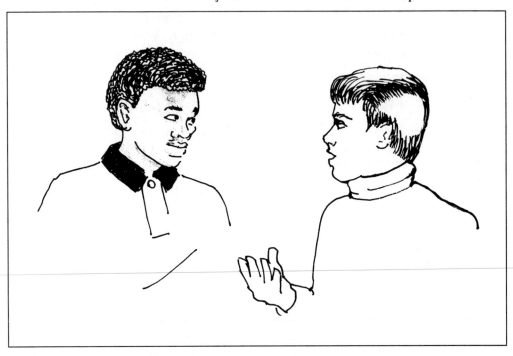

ROBERT: Salut, Marc. Comment ça va?

MARC: **Pas mal, merci. Et toi?**

ROBERT: Comme ci, comme ça. Où est Chantal?

MARC: **Là-bas avec Françoise.**

ROBERT: Et où est Paul?

MARC: **Il est en classe.**

ROBERT: Déjà?

MARC: **Oui, il est en avance.**

ROBERT: Et où sont Pierre et Véronique?

MARC: **Ils sont dans la rue.**

ROBERT: Tiens, voilà Nathalie.

MARC: **Et voilà aussi Joseph.**

ROBERT: Ils sont en retard.

MARC: **Oh là là! Moi aussi.**

ROBERT: Eh bien, au revoir, Marc.

MARC: **Ciao, Robert.**

4. Mots croisés

Complete the crossword puzzle using vocabulary from **Leçon 2**. The mystery word, number 12 across, is something that has many different uses.

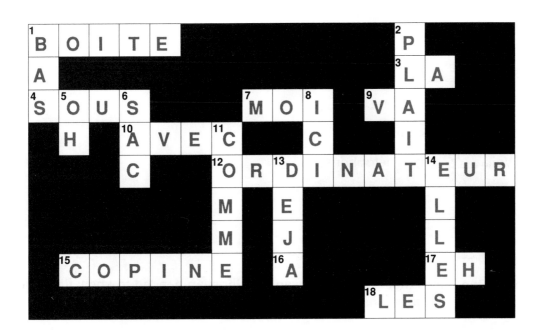

Horizontalement

1. Les disquettes sont dans la __boîte__ .

3. Paul est ___là___ aujourd'hui.

4. La boîte est ___sous___ la table.

7. Ils sont en retard, et ___moi___ aussi.

9. Salut, Alain. Ça ___va___ ?

10. Sabine est ___avec___ une amie.

12. __ordinateur__
_____

15. Voilà Michèle avec une ___copine___ .

16. Et Jean-Charles est aussi ___à___ l'école.

17. ___Eh___ bien, au revoir, Nicole.

18. Où sont ___les___ copains?

Verticalement

1. Elles sont là-___bas___ .

2. Monsieur, s'il vous ___plaît___, où sont les disquettes?

5. ___Oh___ là là! Elles sont en retard.

6. Le crayon est dans le ___sac___ ?

8. Les copains sont ___ici___ dans la cour.

11. ___Comme___ ci, ___comme___ ça. Et toi?

13. Les filles sont ___déjà___ en classe.

14. ___Elles___ sont en avance.

5. Mr. Delmas has made a list of things needed for class, and Christian has to go get them. Complete what Christian says as he brings each object to Mr. Delmas.

MODÈLE: Voilà _____ stylo.
Voilà le stylo.

1. Voilà __la__ carte.

2. Voilà __la__ disquette.

3. Voilà __la__ cassette.

4. Voilà __le__ calendrier.

5. Voilà __le__ magnétophone.

6. Voilà __l'__ affiche.

7. Voilà __le__ dictionnaire.

8. Voilà __l'__ ordinateur.

6. To find the things that Mr. Delmas wanted, Christian needed to know first where they were. Write the questions he asked.

MODÈLE: un stylo
Où sont les stylos?

1. une carte

Où sont les cartes? _____

2. une disquette

Où sont les disquettes? _____

3. une cassette

Où sont les cassettes? _____

4. un calendrier

Où sont les calendriers? _____

5. un magnétophone

Où sont les magnétophones? _____

6. une affiche

Où sont les affiches? _____

7. un dictionnaire

Où sont les dictionnaires? _____

8. un ordinateur

Où sont les ordinateurs? _____

7. Tell where the following people and things are according to the pictures.

MODÈLE:  Où sont Martin et Christine?
Martin et Christine sont à l'école.

 1. Et Sophie?

Sophie est en

classe.

 2. Et les livres?

Les livres sont

sur la table.

 3. Et la boîte?

La boîte est

sous la table.

 4. Et l'ordinateur?

L'ordinateur est

sur la table.

 5. Et les disquettes?

Les disquettes

sont dans

l'ordinateur.

 6. Et le taille-
crayon?

Le taille-crayon

est sur le mur.

 7. Et les copains?

Les copains

sont devant

le lycée.

8. Some friends are supposed to meet in the park at 4:00. They don't all come at the same time. Tell in French who is early (**en avance**), very early (**très en avance**), late (**en retard**) or very late (**très en retard**).

MODÈLE: 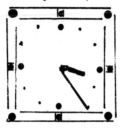 Denise
Denise est très en avance.

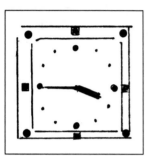

1. Claudine
Claudine est en
avance.

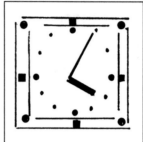

2. Daniel et Julien
Daniel et Julien
sont en retard.

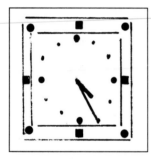

3. Frédéric
Frédéric est très
en retard.

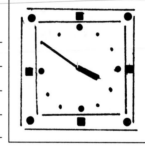

4. Éric, Jeanne
et Martine
Éric, Jeanne
et Martine
sont en avance.

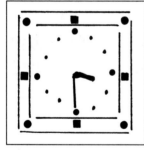

5. Marielle et
Caroline
Marielle et
Caroline sont
très en avance.

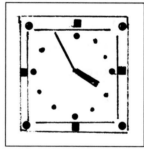

6. Bernard
Bernard est
en avance.

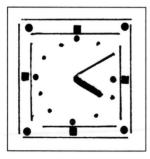

7. Nicole
Nicole est
en retard.

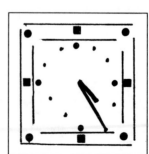

8. Sabine et François
Sabine et
François sont
très en retard.

9. It's now 4:30, and quite a few people still aren't at the park. Complete the following sentences that tell where they are. In the first blank write either **est** or **sont**. In the second blank write **le**, **la**, **l'** or **les**.

MODÈLE: David et Olivier _____ devant _____ télé.
David et Olivier sont devant la télé.

1. Patrick et Luc _____sont_____ à _____l'_____ école.

2. Marie-Ange _____est_____ avec _____le_____ professeur.

3. Katia et Béatrice _____sont_____ dans _____la_____ salle de classe.

4. Élodie _____est_____ dans _____la_____ cour.

5. Nathalie et Charles _____sont_____ dans _____le_____ laboratoire.

6. Bruno _____est_____ dans _____la_____ rue.

7. Marianne _____est_____ devant _____le_____ lycée.

8. Stéphane _____est_____ avec _____les_____ copains.

10. Complete this paragraph about Brigitte's first day at school. Fill in the blanks with the appropriate verb (**est**, **sont**) or definite article (**le**, **la**, **l'**, **les**).

Aujourd'hui c'est _____la_____ rentrée, et Brigitte _____est_____ à l'école. Voilà _____le_____ lycée. _____Les_____ élèves _____sont_____ dans _____la_____ cour. Voilà Brigitte avec _____les_____ copains. Ils _____sont_____ en avance. Nicole _____est_____ en cours d'anglais. Elle _____est_____ en classe avec Sophie. _____Le_____ professeur _____est_____ devant _____le_____ tableau noir. Et _____les_____ ordinateurs _____sont_____ dans _____le_____ laboratoire avec _____les_____ disquettes.

11. Choose one of the sentences below to describe each of the following pictures. When possible, tell where people and things are.

C'est une boîte.

Paul et Chantal sont dans la cour.

Le prof est dans la salle de classe.

C'est un taille-crayon.

Paul est avec Chantal.

Les copains sont dans la rue.

C'est une salle de classe.

C'est une rue.

Les disquettes sont dans la boîte sous la table.

Le taille-crayon est sur le mur.

C'est une cour.

MODÈLE:  **C'est une rue.** _____

 1. **Les copains sont dans la rue.** _____ _____

 2. **C'est une salle de classe.** _____ _____

3. Le prof est dans
   la salle
   de classe.
   _____
   _____

4. Paul est avec
   Chantal.
   _____
   _____
   _____

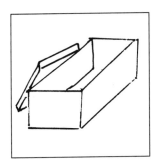

5. C'est une cour.
   _____
   _____
   _____

6. Paul et Chantal
   sont dans la cour.
   _____
   _____
   _____

7. C'est une boîte.
   _____
   _____
   _____

8. Les disquettes
   sont dans la boîte
   sous la table.
   _____
   _____

9. C'est un
   taille-crayon.
   _____
   _____
   _____

10. Le taille-crayon
    est sur le mur.
    _____
    _____
    _____

12. Reorder the following words to make complete sentences.

1. en / professeur / tiens / avance / le / est

    Tiens, le professeur est en avance.

2. le / sont / disquettes / dans / sac / les

    Les disquettes sont dans le sac.

3. professeur / les / la / dans / copains / sont /cour/ le / avec

    Les copains sont dans la cour avec le professeur.

4. là-bas / la / est / boîte / sous / table / la

    La boîte est là-bas sous la table.

5. le / est / l' / bureau / ordinateur / sur

    L'ordinateur est sur le bureau.

6. mur / l' / sont / taille-crayon / sur / le / et / affiche / le

    L'affiche et le taille-crayon sont sur le mur.

7. copains / François / lycée / est / avec / les / le / devant

    François est devant le lycée avec les copains.

Nom:_____ Date:_____

Leçon 3

1. Your principal is sending part of your school's course schedule to some exchange students in France. Use the following list to finish filling out the schedule in French. The two squares already completed by the principal are models.

TEACHER	SUBJECT	LOCATION
Bates	Science	science laboratory
Bowen	German	room seven
Cline	Spanish	language laboratory
Franklin	English	room three
Grainger	French	room five
Mason	Biology	room eight
Nelson	Math	room four
Peters	Spanish	room nine

EMPLOI DU TEMPS

	8h	9h	10h	11h	13h	14h
LUNDI	Bates sciences laboratoire de sciences	Cline espagnol laboratoire de langues	Bowen allemand salle sept	Franklin anglais salle trois	Grainger français salle cinq	Mason biologie salle huit
MARDI	Grainger français salle cinq	Nelson maths salle quatre	Bates sciences laboratoire de sciences	Mason biologie salle huit	Nelson maths salle quatre	Peters espagnol salle neuf
MERCR	Franklin anglais salle trois	Bowen allemand salle sept	Cline espagnol laboratoire de langues	Grainger français salle cinq	Bowen allemand salle sept	Grainger français salle cinq
JEUDI	Bowen allemand salle sept	Franklin anglais salle trois	Bates sciences laboratoire de sciences	Nelson maths salle quatre	Mason biologie salle huit	Cline espagnol laboratoire de langues
VENDR	Peters espagnol salle neuf	Bates sciences laboratoire de sciences	Bowen allemand salle sept	Cline espagnol laboratoire de langues	Nelson maths salle quatre	Bates sciences laboratoire de sciences
SAMEDI	Peters espagnol salle neuf	Mason biologie salle huit	Franklin anglais salle trois	Mason biologie salle huit	Grainger français salle cinq	Bowen allemand salle sept

2. Some friends have just finished a game of dominoes. Write out in French the number of dots in each square and each player's total.

MODÈLE: Daniel

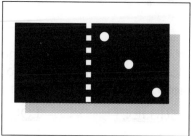

zéro et trois = trois

1. Marc

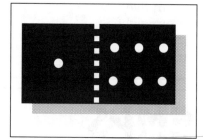

un et six = sept

2. Claudine

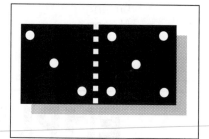

trois et cinq = huit

3. Éric

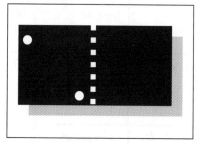

deux et zéro = deux

4. Solange

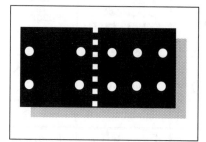

quatre et six = dix

5. Martine

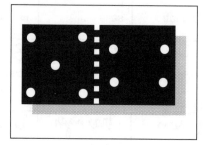

cinq et quatre = neuf

6. Pierre-Jean

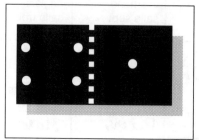

quatre et un = cinq

3. You want to know which French teacher each of your friends has. Complete each sentence with the right form of the verb **être**.

—Marc, tu **es** _____ avec qui?

—Je **suis** _____ avec Mme Brun.

—Sylvie et Daniel, vous **êtes** _____ avec qui?

—Nous **sommes** _____ avec M. Fournier.

—Céline **est** _____ avec qui?

—Elle **est** _____ avec Mlle Léger.

—Xavier et Barbara **sont** _____ avec qui?

—Ils **sont** _____ aussi avec Mlle Léger.

—Charlotte et Valérie **sont** _____ aussi avec Mlle Léger?

—Non, elles **sont** _____ avec M. Fournier.

4. Complete each statement with one of the following words.

je	tu	il	elle
nous	vous	ils	elles

1. Marie-Ange et moi, **nous** _____ sommes dans la salle dix.

2. **Tu** _____ es dans la salle six, Jérôme.

3. Monsieur, **vous** _____ êtes à l'heure.

4. **Je** _____ suis dans le cours de Mme Bertier.

5. Henri et toi, **vous** _____ êtes en retard.

6. Voilà Christophe. **Il** _____ est très désagréable.

7. Et voilà aussi Delphine. **Elle** _____ est formidable.

8. M. et Mme Frain sont déjà là. **Ils** _____ sont en avance.

9. Voilà Catherine et Marielle. **Elles** _____ sont avec M. et Mme Frain.

5. Indicate whether **tu** or **vous** is appropriate when the following speak to each other.

1. Laurence to her friend Mireille:_____tu_____

2. Roger to his parents:_____vous_____

3. Mlle Patin to a salesperson:_____vous_____

4. André to his new boss:_____vous_____

5. Charles to his cat:_____tu_____

6. Mme Charpentier to a police officer:_____vous_____

7. Bruno to three of his friends:_____vous_____

8. Jacqueline to a small child:_____tu_____

9. Christine to her teacher:_____vous_____

10. Olivier to his father:_____tu_____

6. Rewrite the following sentences in the negative with **ne...pas**.

1. Pierre habite à Dakar.

   Pierre n'habite pas à Dakar.

2. Je parle allemand.

   Je ne parle pas allemand.

3. J'aime les maths.

   Je n'aime pas les maths.

4. C'est la salle deux.

   Ce n'est pas la salle deux.

5. Annie est désagréable.

   Annie n'est pas désagréable.

6. Nous sommes en avance.

   Nous ne sommes pas en avance.

7. Tu es sympa.

   Tu n'es pas sympa.

8. Les copains sont à l'heure.

   Les copains ne sont pas à l'heure.

7. Reorder the following words to make complete sentences.

1. cours d'anglais / six / la / le / salle / dans / est

   Le cours d'anglais est dans la salle six.

2. mathématiques / j' / et / anglais / adore / l' / l' / les / allemand

   J'adore les mathématiques, l'anglais et l'allemand.

3. de / neuf / comptez / trois / à

   Comptez de trois à neuf.

4. sciences / pas / aime / les / je / n' / moi

   Moi, je n'aime pas les sciences.

5. quatre / école / il y a / cours de français / l' / à

   Il y a quatre cours de français à l'école.

6. la / est / salle d'anglais / où / alors

   Alors, où est la salle d'anglais?

7. dans / élèves / cour / la / les / sont

   Les élèves sont dans la cour.

8. Choose from the following list the French expression that corresponds to these descriptions.

Elle est formidable.   C'est très bien.
Pardon, Madame.   Elle est très utile.
C'est facile.   Il est sympathique.
Il est désagréable.   Ah bon?
Je suis à l'heure.

1. what you could say about a person who is not very nice

   __Il est désagréable.__

2. what the teacher would say when you give a good answer

   __C'est très bien.__

3. what you would say about a language

   __Elle est très utile.__

4. how you could respond when someone tells you something you didn't know

   __Ah bon?__

5. what you could say about a very good teacher

   __Elle est formidable.__

6. what you could say if you are neither early nor late

   __Je suis à l'heure.__

7. what you could say about someone who likes people

   __Il est sympathique.__

8. what you would say before asking a stranger for information

   __Pardon, Madame.__

9. what you could say about this activity

   __C'est facile.__

9. Write the answer to each question, choosing from those in the following list:

Oui, je suis en avance.   Ça va. Et toi?
Non, vous êtes en retard.   Elle est là, en face.
Il est dans la salle cinq.   Non, elle est désagréable.
Elles sont en classe.   Non, nous sommes dans la salle neuf.

1. Vous êtes dans la salle trois?

Non, nous sommes dans la salle neuf.

2. Où est le cours d'anglais?

Il est dans la salle cinq.

3. Tu es en avance?

Oui, je suis en avance.

4. Nous sommes à l'heure?

Non, vous êtes en retard.

5. Mme Bertier est sympa?

Non, elle est désagréable.

6. Bonjour, Brigitte. Ça va?

Ça va. Et toi?

7. Où est la salle de Mme Delmas?

Elle est là, en face.

8. Et maintenant, où sont Marielle et Claudine?

Elles sont en classe.

10. Write a sentence telling where each of the following classroom objects is.

MODÈLE: Où est le cahier?
Il est sur la table.

1. Où sont les livres?
Ils sont dans les pupitres.

2. Où est la boîte?
Elle est sous la table.

3. Où sont les cassettes?
Elles sont dans la boîte.

4. Où est l'affiche?
Elle est sur le mur.

5. Où est le magnétophone?

Il est sur la table.

6. Et où est l'écouteur? Avec le magnétophone?

Non, il n'est pas avec le magnétophone. Il est dans la boîte avec les cassettes.

7. Alors, où sont les crayons?

Ils sont sur les pupitres.

11. Correct the errors in the following statements according to the **Actualité culturelle** of **Leçon 3**.

1. In French schools the third grade is the same as the American third grade.

In French schools the third grade is the same as the American ninth grade.

2. Students in France go to a **collège** when they're eighteen years old.

Students in France go to a *collège* when they're eleven years old.

3. In France the last grade before the first **bac** is grade eleven.

In France the last grade before the first *bac* is grade one.

4. The **bac** determines whether a student may attend a **lycée**.

The *bac* determines whether a student may go to a university.

5. The second **bac** covers French language and literature.

The first *bac* covers French language and literature.

6. A student in the French third grade would typically have one language and one science class.

A student in the French third grade would typically have three language and three science classes.

7. A student in the French sixth grade will study two foreign languages.

A student in the French sixth grade will study one foreign language.

8. In France a student would be happy to get an "A" on a test.

In France a student would be happy to get a grade of 15 or more on a test.

12. In your opinion what are the six most interesting differences between French and American school life?

1. _____

2. _____

3. _____

4. _____

5. _____

6. _____

13. In a short paragraph tell what you consider to be the major advantages and disadvantages of the French educational system.

_____

_____

_____

_____

_____

_____

_____

Leçon 4

1. Here are excerpts from want ads. List the occupations according to gender (masculine or feminine).

SECRÉTAIRE   OUVRIER   PROFESSEUR
MÉDECIN   CHERCHEUR   INFORMATICIEN
INTERPRÈTE   MÉCANICIENNE   SCIENTIFIQUE
                                       OUVRIÈRE

FÉMININ	MASCULIN	MASCULIN OU FÉMININ
mécanicienne	ouvrier	secrétaire
ouvrière	informaticien	scientifique
	professeur	interprète
	médecin	
	chercheur	

2. There is one word in each of the following groups that doesn't belong. Find all the misfits. What do they have in common?

A	B	C
la biologie	la secrétaire	l'université
les maths	le mécanicien	le taille-crayon
l'espagnol	le professeur	l'école
le français	le médecin	le lycée
la musique	l'artiste	la salle
la pendule	l'ouvrière	la cour
l'histoire	l'affiche	la maison

D	E	F
la Martinique	l'écouteur	le cahier
la carte	le magnétoscope	le livre
la Suisse	le tableau noir	le stylo
l'Algérie	l'ordinateur	le crayon
le Canada	la disquette	le calendrier
le Sénégal	les cassettes	la gomme
la France	le magnétophone	la feuille de papier

A. **la pendule** _____

B. **l'affiche** _____

C. **le taille-crayon** _____

D. **la carte** _____

E. **le tableau noir** _____

F. **le calendrier** _____

(Answer: You see these things on the wall.)

Le français vivant 1

3. You have just played **LOTO** and won at the **Loterie Nationale**. Write out the winning numbers on your ticket.

LOTO   Tirage No. 32 du 7 septembre

$\overline{\quad}$ $\overline{\quad}$ $\overline{\quad}$ $\overline{\quad}$ $\overline{\quad}$ $\overline{\quad}$
  12   24   18   29   26   20

douze
_____

vingt-quatre
_____

dix-huit
_____

vingt-neuf
_____

vingt-six
_____

vingt
_____

4. Write the following numbers in French. Then fit them vertically or horizontally into the letter grid. The letters already given are clues.

21 _____vingt et un_____

30 _____trente_____

11 _____onze_____

16 _____seize_____

17 _____dix-sept_____

13 _____treize_____

25 _____vingt-cinq_____

19 _____dix-neuf_____

14 _____quatorze_____

15 _____quinze_____

V	I	N	G	T	C	I	N	Q		
								U		
					S	E	I	Z	E	
Q							N			
U			V				Z			
A	D	I	X	S	E	P	T			
T			N					R		
O			G		O	N	Z	E		
R			T					N		
Z			E					T		
E			T	R	E	I	Z	E		
			U							
D	I	X	N	E	U	F				

5. In the following grid write out, vertically or horizontally, the seven French numbers that have a **z**. The **z**'s are already in place. The underlined **z**'s will be in two numbers.

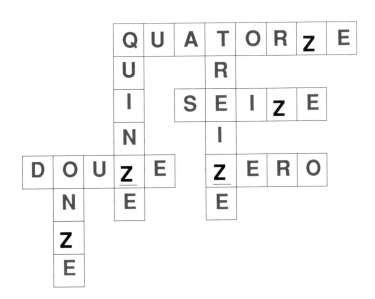

6. Michel's friends are doing all kinds of work. Complete these statements, telling what their occupations are.

1. Charles works in a factory.

    C'est _____un ouvrier_____ .

2. Marielle helps people communicate who don't speak the same language.

    Elle est _____interprète_____ .

3. Solange cures people who are ill.

    Elle est _____médecin_____ .

4. Paul types letters for his boss.

    C'est _____un secrétaire_____ .

5. Claudine files and answers the phone.

    Elle est _____secrétaire_____ .

6. Julien does computer programming.

    Il est _____informaticien_____ .

7. Mathieu repairs cars.

    C'est _____un mécanicien_____ .

8. Virginie paints pictures.

    C'est _____une artiste_____ .

9. Rosalie teaches French.

C'est ___**un professeur**___ .

10. Gabriel and Éliane do research.

Ils sont___**chercheurs**___ .

7. Only the first and last lines of the following dialogue are in order. Rewrite the dialogue, putting the other lines in logical order.

— Et toi, tu es Bruno?

— Nous sommes quinze: huit garçons et huit filles.

— Je m'appelle Christian.

— Oui, et j'adore l'informatique.

— Et tu habites à Paris?

— Ah bon. Alors, tu étudies à l'Université de Lille?

— Non, je ne suis pas Bruno.

— Non, je suis lycéen. Je suis un élève de Monsieur Prat.

— Mais, huit et huit ne font pas quinze. Huit et huit font seize.

— Et vous êtes combien en classe?

— Non, j'habite à Lille.

— Ah bon. Alors, tu es en informatique avec Carole?

— Alors, tu t'appelles comment?

— Je n'aime pas les maths.

— **Et toi, tu es Bruno?**

— **Non, je ne suis pas Bruno.**

— **Alors, tu t'appelles comment?**

— **Je m'appelle Christian.**

— **Et tu habites à Paris?**

— **Non, j'habite à Lille.**

— **Ah bon. Alors, tu étudies à l'Université de Lille?**

— **Non, je suis lycéen. Je suis un élève de Monsieur Prat.**

— **Ah bon. Alors, tu es en informatique avec Carole?**

— **Oui, et j'adore l'informatique.**

— **Et vous êtes combien en classe?** _____

— **Nous sommes quinze: huit garçons et huit filles.** _____

— **Mais, huit et huit ne font pas quinze. Huit et huit font seize.** ____

— **Je n'aime pas les maths.**

8. Give information about yourself by completing the following statements.

1. Je m'appelle _____.

2. Je suis_____.

3. Je ne suis pas_____.

4. J'habite à_____.

5. À l'école j'étudie _____.

6. En français, nous sommes _____.

7. Je parle _____.

8. J'aime _____.

9. Je n'aime pas_____.

10. Je déjeune _____.

9. Virginie's history teacher is disguised for the school carnival, but Virginie doesn't know it when she meets him in front of the **lycée**. Complete the following conversation by choosing the correct verb forms.

MONSIEUR: Tu _____**es**_____ lycéenne?
(es / est / êtes)

VIRGINIE: Oui, je _____**suis**_____ lycéenne.
(sont / sommes / suis)

MONSIEUR: Tu _____**étudies**_____ l'histoire?
(étudient / étudies / étudie)

VIRGINIE: Oui, j'_____**étudie**_____ l'histoire.
(étudie / étudies / étudient)

MONSIEUR: Et tu _____**aimes**_____ le cours?
(aimez / aime / aimes)

VIRGINIE: Non, je n'_____**aime**_____ pas l'histoire,
(aimes / aiment / aime)

mais j'_____**adore**_____ la géographie.
(adorons / adore / adores)

MONSIEUR: Ah bon! Et tu _____habites_____ dans la rue de l'École?
(habite / habites / habitez)

VIRGINIE: Oui, et je _____rentre_____ maintenant. Je _____déjeune_____ à
(rentrons / rentre / rentres)   (déjeunes / déjeunez / déjeune)

la maison. Au revoir, Monsieur.

MONSIEUR: Oh là là! Elle n'_____aime_____ pas l'histoire!
(aiment / aimes / aime)

10. Imagine the preceding situation with the history teacher (**Monsieur**) speaking to Virginie (**Virginie 1**) and her clone (**Virginie 2**). Write the appropriate verb form.

MONSIEUR: Vous _____êtes_____ lycéennes?

V1 et V2: Oui, nous _____sommes_____ lycéennes.

MONSIEUR: Vous _____étudiez_____ l'histoire?

V1 et V2: Oui, nous _____étudions_____ l'histoire.

MONSIEUR: Et vous _____aimez_____ le cours?

V1 et V2: Non, nous n'_____aimons_____ pas l'histoire, mais nous
_____adorons_____ la géographie.

MONSIEUR: Ah bon! Et vous _____habitez_____ dans la rue de l'École?

V1 et V2: Oui, et nous _____rentrons_____ maintenant. Nous _____déjeunons_____ à la
maison. Au revoir, Monsieur.

MONSIEUR: Oh là là! Elles n'_____aiment_____ pas l'histoire!

11. Rewrite the following sentences as commands.

1. Tu parles français.

   Parle français.

2. Vous comptez de onze à trente.

   Comptez de onze à trente.

3. Tu ne déjeunes pas aujourd'hui.

   Ne déjeune pas aujourd'hui.

4. Vous étudiez la musique.

   Étudiez la musique.

5. Vous ne rentrez pas maintenant.

   Ne rentrez pas maintenant.

6. Tu n'étudies pas à l'école.

   N'étudie pas à l'école.

12. Your friends want to know whether all of you should do certain things today. Give them your suggestions.

MODÈLE: whether all of you should speak English in class
Non, ne parlons pas anglais en classe.

1. whether all of you should study computer science

Oui, _____**étudions l'informatique**_____.

2. whether all of you should speak French at school

Oui, _____**parlons français à l'école**_____.

3. whether all of you should eat lunch at home

Non, _____**ne déjeunons pas à la maison**_____.

4. whether all of you should study in class

Oui, _____**étudions en classe**_____.

5. whether all of you should count in French

Oui, _____**comptons en français**_____.

6. whether all of you should come home

Non, _____**ne rentrons pas**_____.

13. Write a short paragraph about yourself. Tell your name, where you live and which languages you speak. Also say which of the following subjects you study, don't study, like and dislike.

anglais	géographie	histoire
informatique	mathématiques	musique
sciences		

_____

_____

_____

_____

_____

_____

_____

14. In this passage based on the reading in **Leçon 4**, some words or expressions are missing. Select the appropriate ones from the following list.

aussi	bus	ensemble
en retard	professeur	mathématiques
monsieur	lycéens	à l'heure

Vincent, Marc et Jean-Michel sont _____lycéens_____, et ils sont toujours

_____ensemble_____. Cet après-midi, ils sont _____en retard_____ pour le cours

de _____mathématiques_____ . Et le _____professeur_____, M. Simon, est toujours

_____à l'heure_____ . Dans le _____bus_____ un _____monsieur_____

parle avec deux hommes. C'est M. Simon, et il est en retard _____aussi_____ !

Leçon 5

1. Mots croisés

Using vocabulary from **Leçon 5** complete the crossword puzzle. The mystery word, number 11 across, indicates length of time.

Verticalement

1. Au guichet Luxair Éric parle à l' __employé__ .

2. Patrick rencontre Éric à l' __aéroport__ .

4. Claudine voyage __souvent__ .

5. Éric renseigne les __passagers__ .

7. Pour le billet Éric va au __guichet__ .

9. Patrick travaille pour Luxair, alors il voyage __beaucoup__ .

10. Éric demande une place dans la section non-__fumeurs__ .

12. Le __vol__ 017 va à Nice.

Horizontalement

2. Éric désire un __aller__ pour Nice.

3. Patrick et Éric voyagent __ensemble__ .

6. Il reste une __place__ sur le vol 017.

8. Claudine est __ingénieur__ .

10. Patrick va en vacances avec la __famille__ .

11. __toujours__ .

13. Éric travaille au bureau d'__information__ .

Nom: _____ **Date:** _____

2. Unscramble the following letters to find French words you've learned in **Leçon 5**.

1. sigrreeenn   renseigner
2. griueénni   ingénieur
3. ceeonrrrnt   rencontrer
4. aasnccve   vacances
5. térpraoo   aéroport
6. litebl   billet
7. melsnebe   ensemble
8. remnaded   demander
9. verralilta   travailler
10. jutosrou   toujours

3. Everybody's going somewhere. Write a sentence that tells where they're going.

MODÈLE:  nous
Nous allons au guichet.

 1. je

Je vais _____

à l'école. _____

_____

 2. les passagers

Ils vont _____

à l'aéroport. _____

_____

 3. l'employé

Il va en _____

vacances. _____

_____

 4. tu

Tu vas à Paris. _____

_____

_____

 5. Claudine et toi

Vous allez _____

à la maison. _____

_____

 6. Hélène et moi

Nous allons _____

en classe. _____

_____

 7. on

On va _____

à l'université. _____

_____

 8. Marie-Ange et Christiane

Elles vont à _____

Luxembourg. _____

4. Only the first line of the following dialogue is in order. Rewrite the dialogue, putting the other lines in logical order.

—Pas mal, merci. Et toi, comment vas-tu?

—Non, merci. Je vais à l'aéroport.

—Oui, il adore Paris. Et Claudine habite là-bas.

—Tu travailles aujourd'hui, n'est-ce pas?

—Alors, on déjeune ensemble?

—Où va-t-il alors? À Paris?

—Je vais très bien, merci.

—Non, je suis en vacances.

—Non, mais Thierry arrive. Il voyage en avion.

—Oui, mais on ne va pas à Nice ensemble.

—Ah bon? Mais tu ne travailles pas aujourd'hui!

—Il est aussi en vacances?

—Pas mal, merci. Et toi, comment vas-tu?

—Je vais très bien, merci.

—Tu travailles aujourd'hui, n'est-ce pas?

—Non, je suis en vacances.

—Alors, on déjeune ensemble?

—Non, merci. Je vais à l'aéroport.

—Ah bon? Mais tu ne travailles pas aujourd'hui!

—Non, mais Thierry arrive. Il voyage en avion.

—Il est aussi en vacances?

—Oui, mais on ne va pas à Nice ensemble.

—Où va-t-il alors? À Paris?

—Oui, il adore Paris. Et Claudine habite là-bas.

5. Rewrite the following sentences as commands or suggestions.

1. Tu arrives à l'heure, Vincent.

   Arrive à l'heure, Vincent.

2. Tu ne vas pas au bureau d'information.

   Ne va pas au bureau d'information.

3. Nous n'allons pas en classe aujourd'hui.

   N'allons pas en classe aujourd'hui.

4. Vous aidez les passagers.

   Aidez les passagers.

5. Vous ne regardez pas le billet.

   Ne regardez pas le billet.

6. Nous demandons une place dans la section non-fumeurs.

   Demandons une place dans la section non-fumeurs.

6. Your family is going to Europe on vacation, and your little sister Brigitte is very excited. Write answers to her questions using the subject **on**.

1. Est-ce que nous allons à Paris?

   Oui, Brigitte.   **On va à Paris.**

2. Est-ce que nous arrivons à l'aéroport?

   Non, Brigitte.   **On n'arrive pas à l'aéroport.**

3. Est-ce que nous sommes en retard?

   Non, Brigitte.   **On n'est pas en retard.**

4. Est-ce que nous demandons une place dans la section non-fumeurs?

   Oui, Brigitte.   **On demande une place dans la section non-fumeurs.**

5. Est-ce que nous voyageons ensemble?

   Oui, Brigitte.   **On voyage ensemble.**

6. Est-ce que nous déjeunons dans l'avion?

   Oui, Brigitte.   **On déjeune dans l'avion.**

7. Corinne says things about people, and you want to know more. Write questions using **est-ce que** and the words in parentheses.

MODÈLE: Jean-Pierre est à l'heure. (toujours)
Est-ce qu'il est toujours à l'heure?

1. Marc étudie. (beaucoup)

   Est-ce qu'il étudie beaucoup?

2. Maman voyage. (souvent)

   Est-ce qu'elle voyage souvent?

3. Les Latour arrivent. (aujourd'hui)

   Est-ce qu'ils arrivent aujourd'hui?

4. Mireille et Valérie regardent la télé. (maintenant)

   Est-ce qu'elles regardent la télé maintenant?

5. Je vais en vacances. (où)

   Où est-ce que tu vas en vacances?

6. Patrick et moi, nous parlons. (ensemble)

   Est-ce que vous parlez ensemble?

7. Claudine travaille à Paris. (pour qui)

   Pour qui est-ce qu'elle travaille à Paris?

8. Les copains sont à Nice. (quand)

   Quand est-ce qu'ils sont à Nice?

8. Now ask Corinne the same questions (from Exercise 7) but use inversion.

MODÈLE: Jean-Pierre est à l'heure. (toujours)
Est-il toujours à l'heure?

1. Marc étudie. (beaucoup)

   Étudie-t-il beaucoup?

2. Maman voyage. (souvent)

   Voyage-t-elle souvent?

3. Les Latour arrivent. (aujourd'hui)

   Arrivent-ils aujourd'hui?

4. Mireille et Valérie regardent la télé. (maintenant)

   Regardent-elles la télé maintenant?

5. Je vais en vacances. (où)

   Où vas-tu en vacances?

6. Patrick et moi, nous parlons. (ensemble)

   Parlez-vous ensemble?

7. Claudine travaille à Paris. (pour qui)

   Pour qui travaille-t-elle à Paris?

8. Les copains sont à Nice. (quand)

   Quand sont-ils à Nice?

9. These pictures show Éric and Patrick. Describe what they're doing, following the model. Use a different verb in each question.

MODÈLE:  Ils parlent, n'est-ce pas?

1. Ils vont au _____
guichet, _____
n'est-ce pas? _____
_____

2. Ils désirent un _____
billet, n'est-ce _____
pas? _____

3. Ils renseignent/ _____
aident les _____
passagers, _____
n'est-ce pas? _____

4. Ils voyagent _____
ensemble, _____
n'est-ce pas? _____

5. Ils sont dans la _____
section non- _____
fumeurs, _____
n'est-ce pas? _____

6. Ils regardent la _____
télé, n'est-ce _____
pas? _____

7. Ils déjeunent _____
ensemble, _____
n'est-ce pas? _____
_____

10. Use the following words and add others to write sentences that describe yourself.

MODÈLE: déjà / être
Je suis déjà en classe.

(Answers will vary. These are samples.)

1. beaucoup / aimer

J'aime beaucoup les vacances.

2. toujours/ déjeuner

Je déjeune toujours avec les copains.

3. souvent / regarder

Je regarde souvent la télé.

4. mal / étudier

J'étudie mal à la maison.

5. bien / travailler

Je travaille bien en français.

6. un peu / aider

J'aide un peu le professeur.

7. aussi / parler

Je parle aussi français.

11. Complete the sentences based on the **Actualité culturelle** of **Leçon 5.**

1. Since France has a six-sided shape, the French often refer to it as
   _____*l'hexagone*_____ .

2. The country southwest of France is _____Spain_____ .

3. Thanks to the Gulf Stream, France has a _____temperate climate_____.

4. France has a great variety of _____landscapes/scenery_____ .

5. The best-known coast in France is called the _____Riviera_____ .

6. The rugged, dry mountains in central France are called the ____*Massif Central*____ .

7. The **Garonne** is only one of France's _____four major rivers_____ .

8. The **Rhône** flows into the _____Mediterranean_____ .

9. France and Germany share the _____Rhine River_____ .

10. The largest French city is _____Paris_____ .

12. Correct the errors in the following statements.

1. France has 256 million inhabitants.

   France has a population of 56 million people.

2. France is about as large as Rhode Island.

   France is about as large as Texas.

3. France is west of the Atlantic and east of Switzerland.

   France is east of the Atlantic and west of Switzerland.

4. France is not as far north as Maine.

   France is farther north than Maine.

5. The Alps are between France and Spain, while the Pyrenees separate France from Italy.

   The Alps are between France and Italy, while the Pyrenees separate France from Spain.

6. The Jura and Vosges are scenic beaches.

   They are scenic mountains.

7. The valley of the Seine is noted for its Renaissance castles.

   The Loire Valley is noted for its castles.

8. Le Havre is France's largest seaport.

   Marseilles is France's largest seaport.

9. Lille is an important southern city.

   Lille is an important northern city.

13. Write a short paragraph in English saying what interests you most about France. What would you like to see if you go there?

_____

_____

_____

_____

_____

_____

Leçon 6

1. In the letter grid find the French names of five things associated with an apartment building. Then discover the mystery word that is a part of a passenger train. The letters may go horizontally or vertically.

```
B  Z  R  I  D  C  T  A  W  V  E  Y  P
Y  Y  F  G  C  O  N  C  I  E  R  G  E
C  U  O  P  D  M  R  A  P  N  C  O  P
Z  X  Q  R  T  P  T  L  L  E  R  Q  I
S  T  P  U  M  A  D  R  E  S  S  E  N
O  B  Y  T  S  R  Y  D  M  T  F  F  R
A  P  P  A  R  T  E  M  E  N  T  C  I
E  F  L  I  M  I  S  M  L  G  U  N  D
D  O  N  T  I  M  M  E  U  B  L  E  I
P  O  Q  Y  B  E  N  O  F  U  G  D  G
B  Z  R  I  D  N  T  A  W  V  E  Y  P
F  L  P  O  R  T  E  M  I  N  D  U  T
```

_____ **concierge**

_____ **adresse**

_____ **appartement**

_____ **immeuble**

_____ **porte**

_____ **compartiment**

2. People are arriving at Kennedy Airport from various foreign cities and then continuing on in the States. Tell where they're coming from and where they're going.

MODÈLE: Ranuka Gandhi / Bombay / Detroit
Elle arrive de Bombay, et elle va à Detroit.

1. Carlos et Maria Jimenez / Madrid / Cincinnati

Ils arrivent de Madrid, et ils vont à Cincinnati.
_____

2. M. et Mme Blanchard / Paris / Miami

Ils arrivent de Paris, et ils vont à Miami.
_____

3. Michael London / Oslo / Washington

Il arrive d'Oslo, et il va à Washington.
_____

4. Jane et Priscilla O'Hara / Dublin / Atlanta

Elles arrivent de Dublin, et elles vont à Atlanta.
_____

5. Thierry d'Olivera / Dakar / San Francisco

Il arrive de Dakar, et il va à San Francisco.
_____

6. Gabriella Novella / Rome / Saint Louis

Elle arrive de Rome, et elle va à Saint Louis.
_____

7. Hans Müller / Munich / Denver

Il arrive de Munich, et il va à Denver.
_____

8. Alejandro Vargas / Bogota / Saint Paul

Il arrive de Bogota, et il va à Saint Paul.
_____

3. Write a French sentence saying that the people or things pictured below belong to the following people.

MODÈLE:

Charles
C'est l'ami de Charles.

1. M. Brun

C'est la salle de

M. Brun.

_____

_____

2. Mme Blanchard

C'est l'immeuble

de Mme

Blanchard.

_____

3. M. Latour

C'est la

concierge de

M. Latour.

_____

4. Agnès

C'est l'amie

d'Agnès.

_____

_____

5. Catherine

C'est le café de

Catherine.

_____

_____

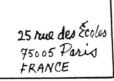

25 rue des Écoles
75005 Paris
FRANCE

6. Mme Martin

C'est l'adresse

de Mme Martin.

_____

_____

7. Yves

C'est le

compartiment

d'Yves.

_____

8. Éric

C'est la place

d'Éric.

_____

_____

4. Write a sentence telling where the following people work according to the picture.

1. maman

Elle travaille

à l'aéroport.

_____

_____

2. tu

Tu travailles

au lycée.

_____

_____

3. Fernand et Denis

Ils travaillent

au café.

_____

_____

4. papa

Il travaille à

l'université.

_____

_____

5. je

Je travaille à

l'école.

_____

_____

6. vous

Vous travaillez à

la gare.

_____

_____

7. nous

Nous travaillons

au laboratoire

de langues.

_____

5. When the people just mentioned in Exercise 4 meet their friends, they talk about where they work. Use the same pictures to write a sentence telling what they talk about.

1. maman

   Elle parle de l'aéroport. _____

2. tu

   Tu parles du lycée. _____

3. Fernand et Denis

   Ils parlent du café. _____

4. papa

   Il parle de l'université. _____

5. je

   Je parle de l'école. _____

6. vous

   Vous parlez de la gare. _____

7. nous

   Nous parlons du laboratoire de langues. _____

6. Complete the following story with **à, à la, à l', au, aux, de, de la, de l', du** or **des**.

Jeanne et Yves sont _____**de**_____ Paris, et ils vont _____**à**_____ Lyon. Il est six heures _____**du**_____ matin quand ils arrivent _____**à la**_____ gare _____**de**_____ Lyon. Ils vont _____**au**_____ guichet et demandent deux places. Ensuite, ils cherchent le train.

_____**À**_____ Lyon Jeanne et Yves cherchent l'adresse _____**des**_____ Latour, les amis _____**des**_____ parents d'Yves. Quand ils arrivent _____**à l'**_____ immeuble, ils sonnent _____**à la**_____ porte _____**de la**_____ concierge. Mais les Latour sont _____**au**_____ café _____**de la**_____ gare _____**au**_____ coin _____**de la**_____ rue. Il est une heure _____**de l'**_____ après-midi, et les Latour sont là. _____**Au**_____ café Jeanne et Yves parlent _____**aux**_____ Latour. Ils parlent _____**du**_____ voyage et _____**de la**_____ famille. Ils parlent aussi _____**des**_____ parents d'Yves et _____**de**_____ Paris.

7. Reorder the following words to make complete sentences. Use correct verb forms.

1. maison / être / Catherine / la / lycée / loin / de/ du

   La maison de Catherine est loin du lycée.

2. des / chercher / adresse / Martin / nous / l'

   Nous cherchons l'adresse des Martin.

3. gare / très / employé / la / sympathique / l' / de / être

   L'employé de la gare est très sympathique.

4. parler / élèves / Solange / de / aux / la / M. Brun / de / classe

   Solange parle aux élèves de la classe de M. Brun.

5. du / Grégory / parler / professeur / copains / aux / maths / de

   Grégory parle aux copains du professeur de maths.

6. Marseille / à / train / heures / le / arriver / de / quatre

   Le train de Marseille arrive à quatre heures.

7. Marguerite / habiter / demander / concierge / les / la / où / à / Dupuis

   Marguerite demande à la concierge où habitent les Dupuis.

8. demander / aller / Jeanne / ils / où / Yves / et / aux / passagers

   Jeanne et Yves demandent aux passagers où ils vont.

8. Mots croisés. Complete this crossword puzzle.

Horizontalement

1. Yves _sonne_ à la porte de la concierge.

5. À quelle heure est le _prochain_ train pour Nice?

7. Le café est au _coin_ de la rue, pas loin.

8. parle: parler; trouve: _trouver_.

9. _Enfin_, ils arrivent à Marseille.

11. Les professeurs parlent toujours _des_ écoles.

12. Les Latour vont _au_ café à midi.

13. Yves et Jeanne parlent à l'employé de la _gare_.

14. Quelle _heure_ est-il?

16. Yves _cherche_ les places dans le train.

Verticalement

2. Le train arrive à huit heures, _euh_...non, à huit heures cinq.

3. Yves demande à la _concierge_ où est le café.

4. Le lycée est au coin de la rue. Il n'est pas _loin_.

5. Les Latour sont les _parents_ de Catherine.

6. Yves et Jeanne vont à Lyon et _après_, à Marseille.

10. Les Latour habitent dans un _immeuble_ à Lyon.

11. Voilà le billet _du_ passager.

12. Yves et Jeanne parlent _aux_ passagers.

15. Yves et Jeanne sont _de_ Paris.

9. Patricia and Solange, who live in Orléans, are going to spend the day in Blois. They plan to visit the Blois castle with Patricia's cousin, Jean-Louis. It's already past ten when Patricia comes to take Solange to the train station, and Solange wants to know everything about the trip that Patricia has planned. Choose the appropriate reply to complete Patricia's part of the conversation.

Non, on déjeune avec Jean-Louis à midi vingt-cinq.
À midi et quart.
Et...et...il est déjà onze heures moins vingt-cinq et on est en retard.
Mais oui. Moi, je voyage toujours en seconde. Pas toi?
Il y a un train à dix heures vingt, mais il est maintenant dix heures et quart.
À onze heures cinq.
Non, il ne déjeune pas d'habitude.
À la gare à Blois.

SOLANGE: Le train pour Blois est à quelle heure?

PATRICIA: **Il y a un train à dix heures vingt, mais il est maintenant**

dix heures et quart.

SOLANGE: Et le prochain train est à quelle heure?

PATRICIA   **À onze heures cinq.**

SOLANGE: Il arrive à quelle heure à Blois?

PATRICIA: **À midi et quart.**

SOLANGE: Et on voyage en seconde?

PATRICIA: **Mais oui. Moi, je voyage toujours en seconde. Pas toi?**

SOLANGE: Et on déjeune dans le train?

PATRICIA: **Non, on déjeune avec Jean-Louis à midi vingt-cinq.**

SOLANGE: Ah bon? Et où?

PATRICIA: **À la gare à Blois.**

SOLANGE: Et Jean-Louis déjeune souvent là?

PATRICIA: **Non, il ne déjeune pas d'habitude.**

SOLANGE: Et...

PATRICIA: **Et...et...il est déjà onze heures moins vingt-cinq et**

on est en retard.

10. The following people will be traveling to Nice tonight on train number 5059, as shown on this schedule. They leave Paris at 9:54 P.M. from the **gare de Lyon**. Along the way, however, they will be getting off in different places. Write the arrival time for each person according to his/her destination.

Numéro du train		1553	6991	1555	5029	5075	5083	349	4577	5061	6911	5019	183	5697	5059	6913	1:
Notes à consulter		1	2	3	4	5	6	7	7	8	9	7	10	11	7	12	7
Paris Gare de Lyon	D									20.45		20.48	21.46		21.54		22
Dijon-Ville	D	16.56		20.44	21.43					23.52							
Mâcon	D	18.03		21.49	22.54												
Lyon-Part-Dieu	D	18.47		22.32	23.38												
Lyon-Perrache	D			22.39	23.45	00.15	00.15										
Valence	D	19.42				03.20	01.42							03.20	03.49		
Orange	D						02.40										
Avignon	D	20.44				04.38	03.00							04.38	05.01		
Arles	D	21.07				05.02	03.22	03.57	03.50					05.02	05.25		
Marseille-St Charles	D	21.58				06.19		05.00	05.14	05.21				06.19	06.32		
Cannes	A	23.50	00.15			08.37	06.26	07.10	07.27	07.43	08.15	07.16	07.21	08.37	08.55	09.29	08
Juan-les-Pins	A		00.25			08.51	06.38	07.24	07.43		08.24		07.36	08.51	09.11	09.40	
Antibes	A	00.01	00.28			08.55	06.41	07.27	07.46	08.00	08.27	07.31	07.39	08.55	09.14	09.42	08
Cagnes-sur-Mer	A		00.40				06.52				08.12	08.39				09.54	
Nice-Ville	A	00.17	00.54			09.14	07.01	07.46	08.04	08.21	08.54	07.50	07.56	09.14	09.32	10.08	09

Tous les trains comportent des places assises en 1ʳᵉ et 2ᵉ cl. sauf indication contraire dans les notes.

MODÈLE: François: Marseille-St Charles
sept heures moins vingt-huit du matin

1. Sophie: Antibes

   neuf heures quatorze du matin

2. Marie: Valence

   quatre heures moins onze du matin

3. Armelle: Juan-les-Pins

   neuf heures onze du matin

4. Brigitte: Avignon

   cinq heures une du matin

5. Hervé: Nice-Ville

   dix heures moins vingt-huit du matin

6. Sébastien: Arles

   cinq heures vingt-cinq du matin

7. Théodore: Cannes

   neuf heures moins cinq du matin

11. Sylvie, Jeanne, Denise and Pascale are taking the **TGV** that leaves at 1:24 P.M. from the **gare de Lyon** in Paris and goes to Toulon. Using the schedule, write their arrival times corresponding to their destinations.

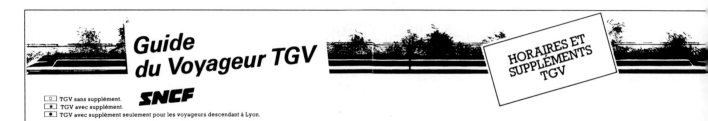

Guide du Voyageur TGV
SNCF

HORAIRES ET SUPPLÉMENTS TGV

- ☐ TGV sans supplément.
- ☒ TGV avec supplément.
- ☒ TGV avec supplément seulement pour les voyageurs descendant à Lyon.

PARIS→LYON→VALENCE—MONTPELLIER / MARSEILLE→TOULON

N° du TGV		803	807/857	857	809	861	813	811/801	815/865	819/869	821/805	827/877	831	879	835/885	841/891	645
Restauration		☐	☐	☐		☒☐		☒☐✱	☒☐	☐✱			☒☐	☐✱	☒☐	☒☐	☐
Paris-Gare de Lyon	D	7.00	7.40	7.40	7.47	10.10	10.18	10.23	11.42	12.55	13.24	15.40	16.49	17.05	17.47	18.35	20.00
Le Creusot TGV	▲ A		9.06	9.06	9.13								18.16				
Lyon-Part-Dieu	▲ A	9.02											18.58				22.04
Valence	A	9.56	10.41	10.41	10.48	13.05	13.13		14.35	15.48	16.18	18.35	19.55	20.02	20.42	21.32	23.03
Montélimar	A		11.03	11.03	11.10	13.27								21.04			
Avignon	A	10.49	11.40	11.40	11.47	14.04	14.11	14.08	15.28	16.41	17.11	19.29	20.49	20.56	21.41	22.26	
Nîmes	A	a	12.11	12.11	a	14.31	a	a	15.57	17.10	a	20.00	a	21.23	22.10	22.57	
Montpellier	A	a	12.36	12.36	a	14.57	a	a	16.22	17.35	a	20.25	a	21.48	22.35	23.22	
Marseille	A	11.42	12.36		12.43		15.06	15.03	16.22	17.35	18.04	20.25	21.44		22.35	23.22	
Toulon	A	b	b		b		b	15.50	b	b	18.51	b	b		23.19	c	

1. Sylvie: Valence

   quatre heures dix-huit de l'après-midi
   _____

2. Jeanne: Toulon

   sept heures moins neuf du soir
   _____

3. Denise: Avignon

   cinq heures onze de l'après-midi
   _____

4. Pascale: Marseille

   six heures quatre du soir
   _____

12. Here is part of Luc's schedule on Friday. Choose the time when each activity takes place.

cinq heures de l'après-midi   neuf heures du matin

huit heures du matin   six heures du soir

midi   minuit

huit heures et quart du matin   deux heures de l'après-midi

huit heures du soir

1. Il va à l'école.

huit heures du matin

2. Il est dans le bus.

huit heures et quart du matin

3. Il est en cours d'anglais.

neuf heures du matin

4. Il déjeune avec Philippe et Françoise au café.

midi

5. Il est en cours de français.

deux heures de l'après-midi

6. Il rentre à la maison.

cinq heures de l'après-midi

7. On sonne. C'est Pascal.

six heures du soir

8. Ils étudient le cours de biologie ensemble.

huit heures du soir

9. Ils regardent la télévision.

minuit

13. You and your sister plan to watch a lot of TV. As you look over the **Canal Plus** schedule, your sister asks you what's on at different times. Name the program.

MODÈLE: À deux heures de l'après-midi?
"L'État de grâce"

1. À dix heures et quart du soir?

"Kamikaze"
_____

2. À sept heures vingt-cinq du matin?

"Le Piaf"
_____

3. À huit heures et demie du soir?

À la Poursuite du diamant vert
_____

4. À trois heures vingt-cinq de l'après-midi?

"Cinéma dans les salles"
_____

5. À neuf heures moins cinq du matin?

"On a volé Charlie Spencer"
_____

6. À deux heures dix du matin?

"Superman"
_____

7. À sept heures vingt du soir?

"Nulle part ailleurs"
_____

8. À midi et demi?

"Direct"
_____

CANAL+

7.00 TOP 50
7.25 LE PIAF
7.26 CABOU CADIN
7.45 WOODY [JEUNES] **WOODPECKER**
8.00 CBS EVENING NEWS
8.25 LARRY ET BALKI
8.50 DESSIN ANIMÉ [JEUNES] **TON HEURE A SONNÉ**
8.55 ON A VOLÉ [FILM] **CHARLIE SPENCER**
Comédie. Film de Francis Huster (France, 1986). Durée : 1 h 34. **Dernière diffusion.** *Avec* **Francis Huster, Béatrice Dalle, Isabelle Nanty.**
10.30 [FLASH]
10.35 LIÉS PAR LE SANG [FILM] *Policier. Film de Terence Young (États-Unis, 1979). Durée : 1 h 52. Rediffusion le 15 janvier à 23 h 05 et le 19 janvier à 14 heures. Avec* **Audrey Hepburn, Ben Gazzara, James Mason.**
12.30 DIRECT
14.00 L'ÉTAT DE GRACE [FILM] *Comédie dramatique. Film de Jacques Rouffio (France, 1986). Durée : 1 h 25.* **Dernière diffusion.** *Avec* **Nicole Garcia, Samy Frey.**
15.25 CINÉMA DANS LES SALLES
15.55 PHANTOM [FILM] **OF THE PARADISE ★★★** *Fantastique. Film de Brian De Palma (États-Unis, 1974). Durée : 1 h 31. En V.O. Rediffu-*

sion le 13 janvier à 0 h 10. Avec **Paul Williams, William Finley, Jessica Harper.**
17.25 CABOU CADIN
18.10 [FLASH]
18.16 DESSINS ANIMÉS
18.25 LE PIAF
18.26 TOP 50
18.55 STARQUIZZ
19.20 NULLE PART AILLEURS
20.30 A LA POURSUITE [FILM] **DU DIAMANT VERT ★** *Voir notre encadré.* **Première diffusion.** *Rediffusion le 13 janvier à 8 h 55, le 17 janvier, le 19 en V.O. et les 22 et 25 janvier.*
22.10 [FLASH]
22.15 KAMIKAZE [FILM] *Policier. Film de Didier Grousset (France, 1986). Durée : 1 h 26. Rediffusion le 15 janvier à 2 h 10 et les 16, 19 et 21 janvier. Avec* **Richard Bohringer, Michel Galabru.**
23.40 LA VOYAGEUR [FILM] **DE LA TOUSSAINT** *Drame. Film de Louis Daquin (France, 1943). Durée : 1 h 38.* **Dernière diffusion.** *Avec* **Jean Desailly, Jules Berry, Simone Valère.**
1.20 MONTAND DE TOUS LES TEMPS (1) *Document en trois parties.*
2.10 SUPERMAN *Série américaine.*
3.00 FIN
Les émissions en clair sont encadrées.

14. Label the following French cities on the map:

Paris / Rouen / Lille / Dijon / Marseille / Lyon / Nice

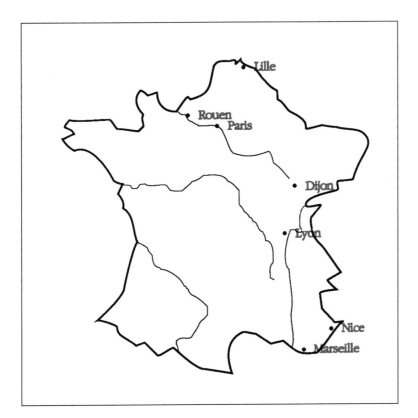

15. The following sentences based on the **Lecture** in **Leçon 6** are false. Correct them.

1. Véronique et Charlotte habitent à Nice.

Elles habitent à Lille.

2. Aujourd'hui elles vont au lycée à Nice.

Aujourd'hui elles vont en vacances.

3. Elles prennent l'autobus à Lille et arrivent à Paris.

Elles prennent le train à Lille et arrivent à Paris.

4. À Paris elles prennent le métro et arrivent à la gare du Nord.

À Paris elles prennent le métro et arrivent à la gare de Lyon.

5. Le train pour Nice n'est pas en gare.

Il est en gare.

6. Véronique et Charlotte sont en retard.

Elles sont en avance.

7. Elles déjeunent au Café de la Paix.

Elles déjeunent au café de la gare.

8. Maintenant il est dix heures deux, et le train est loin de Paris.

Maintenant il est deux heures dix, et le train est loin de Paris.

9. Véronique et Charlotte sont dans le train. Elles vont à Nice.

Elles ne sont pas dans le train. Elles ne vont pas à Nice.

Leçon 7

1. Answer each question, choosing from the responses in the following list.

> Il est sympathique.
> Elle est très dynamique.
> Partout.
> Je vais très bien, merci. Et vous?
> Très bien et nous sommes très contents.
> Parce que j'aime beaucoup les Français.
> Parce que c'est un pays très intéressant.
> Parce qu'ils sont très agréables.

1. Comment allez-vous?

   Je vais très bien, merci. Et vous?
   _____

2. Comment va le travail?

   Très bien et nous sommes très contents.
   _____

3. Comment est la musique africaine?

   Elle est très dynamique.
   _____

4. Pourquoi chantez-vous au Sénégal?

   Parce que c'est un pays très intéressant.
   _____

5. Comment trouvez-vous Julien Clerc?

   Il est sympathique.
   _____

6. Pourquoi retournez-vous en France?

   Parce que j'aime beaucoup les Français.
   _____

7. Pourquoi aimez-vous les Sénégalais?

   Parce qu'ils sont très agréables.
   _____

8. Où voyagez-vous en Afrique?

   Partout.
   _____

2. Mots croisés

Complete the crossword puzzle. The mystery word, number 7 across, indicates location.

Horizontalement

2. Est-ce que tu ___**chantes**___ bien?
4. ___**Tout**___ va très bien en France.
7. ___**ailleurs**___
8. Aujourd'hui je vais en France et ___**demain**___ je vais au Sénégal.
10. Pourquoi Julien Clerc va-t-il ___**si**___ souvent au Sénégal?
11. ___**Selon**___ Julien Clerc, les Sénégalais sont sympathiques.
13. Le Sénégal est un ___**pays**___ agréable.
14. En ___**effet**___, Julien Clerc voyage beaucoup.

Verticalement

1. L'Afrique et l'Europe sont deux ___**continents**___ .
3. Berne est la capitale de la ___**Suisse**___ .
5. Marseille est une ___**ville**___ .
6. ___**Bienvenue**___ au Sénégal, Monsieur.
9. Selon Julien Clerc, la musique française est ___**vivante**___ .
12. Le Sénégal est ___**en**___ Afrique.

3. On this map label nine countries and their capitals that you've learned in **Leçon 7.**

L'Angleterre
Londres   ★ H

                                    La Belgique
                              ★ B Bruxelles   L'Allemagne
                                          ★ E Bonn
                                                          ★ G
        ★ A
        La France   Le Luxembourg
        Paris   Luxembourg
                    ★ C
                    La Suisse
                    Berne

                                                    ★ F
        ★ D   L'Italie
        L'Espagne   Rome
        Madrid

            ★ I
            L'Algérie
            Alger

4. On this map of France label the four major rivers.

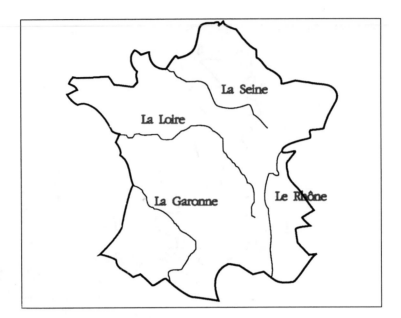

5. Mrs. Mason has just returned from a fabulous trip, bringing back a souvenir from each country she visited. Write in French where she bought each item.

MODÈLE:  **En Belgique**

 1. **En Angleterre** _____

_____

 2. **En Italie**

_____

 3. **En Suisse** _____

_____

 4. **En Allemagne** _____

_____

 5. **En Algérie** _____

_____

 6. **En France** _____

_____

 7. **En Espagne** _____

_____

6. Monique lives in Nice and works for Air France. She answers calls from customers asking about flights to other European countries. Answer for her according to the flight routes shown here.

MODÈLE:

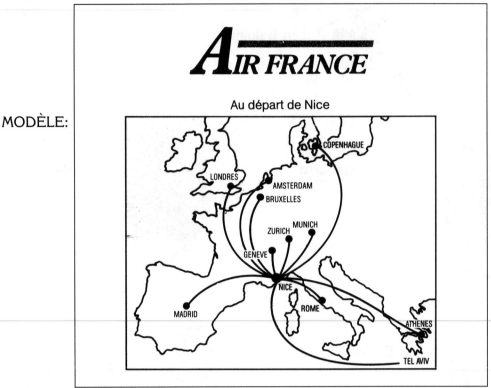

Et l'Angleterre?
Oui, les vols d'
France vont de
Nice à Londres
en Angleterre.

1. Et la Suisse?

   Oui, les vols d'Air France vont de Nice à Zurich/Genève en Suisse.

   _____

2. Et la Belgique?

   Oui, les vols d'Air France vont de Nice à Bruxelles en Belgique.

   _____

3. Et l'Espagne?

   Oui, les vols d'Air France vont de Nice à Madrid en Espagne.

   _____

4. Et l'Italie?

   Oui, les vols d'Air France vont de Nice à Rome en Italie.

   _____

5. Et l'Allemagne?

   Oui, les vols d'Air France vont de Nice à Munich en Allemagne.

   _____

7. Complete the following conversation with **à**, **de (d')** or **en**.

PAUL: Vous habitez ____à____ Genève?

AXEL: Non, je n'habite pas ____en____ Suisse.

PAUL: Alors, où habitez-vous?

AXEL: ____À____ Munich.

PAUL: Munich est ____en____ Allemagne, n'est-ce pas?

AXEL: Oui. Et vous, ____d'____ où êtes-vous?

PAUL: Moi, je suis ____de____ Montréal mais je n'habite pas ____à____ Montréal.

AXEL: Ah bon? Vous habitez probablement ____à____ Québec?

PAUL: Non, j'habite ____en____ Algérie, ____à____ Alger.

AXEL: ____À____ Alger? Mais c'est ____en____ Afrique. C'est loin.

PAUL: C'est loin ____de____ Munich, oui, mais ce n'est pas si loin ____de____ Nice.

AXEL: Pourquoi Nice?

PAUL: Parce que Maman habite ____à____ Nice.

8. Unscramble the words in the following sentences.

1. *The Shining* est un livre ____interessant____ .
   niétstsnaer

2. Michael Jackson est un chanteur ____vivant____ .
   nvaitv

3. On est très ____content____ .
   ntcento

4. J'aime beaucoup M. Bertier. C'est un prof ____sympathique____ .
   qstmhiaeuyp

5. La Seine est un fleuve ____important____ .
   mptiarotn

6. Julien est super. C'est un ami ____formidable____ .
   moefdbaril

7. L'Allemagne est un pays ____dynamique____ .
   udaqymnie

8. Je n'aime pas M. Perrin. C'est un homme ____désagréable____ .
   bséedlaréag

9. J'adore la biologie. C'est un cours ____facile____ .
   caflie

9. Use the same adjective that completes each sentence in Exercise 8. Make all necessary changes.

1. Jane Fonda est _____ intéressante _____ .

2. Whitney Houston est une chanteuse _____ vivante _____ .

3. Nicole est très _____ contente _____ .

4. Mme Bertier est _____ sympathique _____ .

5. La Seine est _____ importante _____ .

6. Julie est une amie _____ formidable _____ .

7. L'Allemagne est _____ dynamique _____ .

8. Mme Perrin est une femme _____ désagréable _____ .

9. La biologie est _____ facile _____ .

10. Complete the sentences with the nationalities of the following famous people.

MODÈLE: Le roi (king) Baudouin est de Belgique.
Il est belge.

1. Catherine Deneuve est de France.

Elle est _____ française _____ .

2. Paul McCartney est d'Angleterre.

Il est _____ anglais _____ .

3. Boris Becker est d'Allemagne.

Il est _____ allemand _____ .

4. Julio Iglesias est d'Espagne.

Il est _____ espagnol _____ .

5. Léopold Senghor est de Sénégal.

Il est _____ sénégalais _____ .

6. La reine (queen) Elizabeth II est d'Angleterre.

Elle est _____ anglaise _____ .

7. Steffi Graf est d'Allemagne.

Elle est _____ allemande _____ .

8. François Mitterand est de France.

Il est _____ français _____ .

11. A TV talk show has invited sets of twins to appear on today's program. Find the number of the country on the map that corresponds to the number beside their names and write their nationalities.

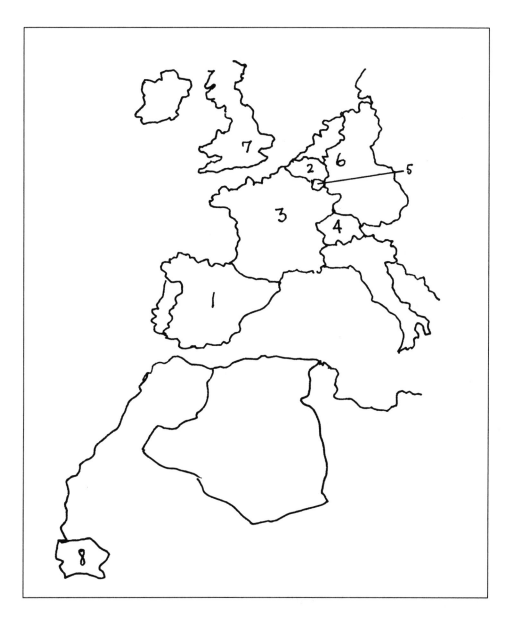

MODÈLE: 1 / Carmen et Cristina
Elles sont espagnoles.

1. 2 / François et Françoise

   Ils sont belges. _____

2. 3 / Martine et Marie-Ange

   Elles sont françaises. _____

3. 4 / René et Claude

   Ils sont suisses. _____

4. 5 / Catherine et Anne

   Elles sont luxembourgeoises. _____

5. 6 / Hans et Gretel

   Ils sont allemands. _____

6. 7 / Pamela et Priscilla

   Elles sont anglaises. _____

7. 8 / Gilbert et Eyum

   Ils sont sénégalais. _____

12. Use the words in the following list to complete the paragraph. Use each word only once, making spelling changes if necessary.

européen	anglais
sympathique	quel
intéressant	belge
content	

Pamela et François sont ____**européens**____ . François est ____**belge**____

et il habite à Bruxelles. Il aime Bruxelles parce que c'est une ville

____**intéressante**____ . Pamela est ____**anglaise**____ et elle habite à Londres.

Elle trouve les Anglais ____**sympathiques**____ . Pamela et François sont

très ____**contents**____ . Et vous, ____**quelle**____ ville préférez-vous?

13. You and your friends are discussing preferences, but there is so much noise that you can't hear well. Knowing the subjects discussed, ask your friends to specify. Write your questions.

   MODÈLE: J'aime Julien Clerc.
   Quel chanteur?

   1. J'aime l'Angleterre et l'Espagne.

   Quels pays?
   _____

   2. J'aime Paris et Dakar.

   Quelles villes?
   _____

   3. J'aime l'allemand.

   Quelle langue?
   _____

   4. J'aime beaucoup M. Brun, le prof d'anglais.

   Quel prof?
   _____

   5. J'aime la Seine.

   Quel fleuve?
   _____

   6. J'aime l'Afrique.

   Quel continent?
   _____

   7. J'aime les cours de français.

   Quels cours?
   _____

   8. J'aime l'école de Martine.

   Quelle école?
   _____

14. Complete the sentences based on the **Actualité culturelle** of **Leçon 7**.

1. French is spoken by more than _____200,000,000_____ people.

2. European countries where French is spoken include
   ___France, Belgium, Luxembourg, Switzerland, Monaco and Corsica___
   _____.

3. France had a colonial empire in Indochina, Polynesia, South America, the West Indies and mainly in _____Africa_____ .

4. Most of the former French colonies are now _____independent_____ .

5. French influence remains visible in the North African countries of
   ___Algeria, Morocco and Tunisia___ .

6. Like the British, Spanish and Portuguese, the French played an important role in the conquest of _____the New World_____ .

7. ___Martinique and Guadeloupe___ are two Caribbean islands that still belong to France.

8. Many people living in the _____province of Québec_____ descended from French settlers.

9. The term _____"Cajun"_____ comes from the word **Acadien**.

10. Like Des Moines, Saint Louis and Terre Haute, many American cities have _____French_____ names.

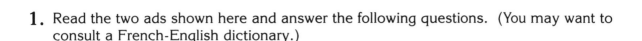

Leçon 8

1. Read the two ads shown here and answer the following questions. (You may want to consult a French-English dictionary.)

HEXAGONE	PARLEZ

EN FRANCE TOUT EST POSSIBLE

La découverte est à votre porte. La randonnée, à pied, à cheval, au fil de l'eau, l'aventure, tout est possible en France avec Nouvelles Frontières. Un voyage en France, cela peut être une croisière le long des côtes, un week-end dans le Périgord, un séjour d'initiation au yoga dans les Alpes ou encore un stage d'ULM. Que vous soyez sportif ou simplement curieux, débutant ou confirmé, vous trouverez dans la brochure « France » de nombreux voyages spécialement sélectionnés pour vous. La France, les voyageurs du monde entier le savent bien, est certainement l'un des pays, les plus passionnants à visiter. A Nouvelles

Frontières, nous en sommes convaincus.

Pour recevoir la brochure « France », voir page 403.

L'ECOLE DE LANGUES

Dès 1977, Nouvelles Frontières avait organisé à Paris des cours d'anglais, d'arabe et de hindi. Une association à but non lucratif, régie par la loi de 1901, s'est créée.

Elle vous propose des cours collectifs du jour et du soir, des cours particuliers, des cours en entreprise, qui peuvent tous être pris en charge par la formation continue. A l'Ecole de Langues de Nouvelles Frontières, nous vous proposons un enseignement efficace et très appliqué dans les langues suivantes : anglais, arabe, allemand, chinois, espagnol, français (pour les étrangers), grec, hindi, italien, portugais du Brésil et russe.

En octobre 1986 : ouverture de

l'Ecole de langues de Nouvelles Frontières à Montpellier.

Pour recevoir la brochure « Ecole de Langues », voir page 403.

1. What is being offered in the first ad and by whom?

   A trip to France with outings or excursions of different kinds is offered

   by *Nouvelles Frontières*.

2. In an encyclopedia find out where **le Périgord** is and describe it.

   _____

   _____

3. Why is the term **hexagone** used as a heading for this ad? Which new words in the ad do you understand?

The *hexagone* refers to France.

_____

_____

4. What is being offered in the second ad, by whom and since when?

Language courses have been offered by *Nouvelles Frontières* since 1977.

_____

5. Which languages are mentioned in the ad, and in which cities does the advertiser teach them?

They teach English, Arabic, German, Chinese, Spanish, French, Greek, Hindi,

Italian, Portuguese and Russian in Paris and Montpellier.

6. What would interested readers do to get further information on these offers?

They would see page 403 to order a brochure.

_____

2. Jacques and Marcel are walking down the street when Jacques sees something interesting. Only the first line of their conversation is in order. Rewrite the dialogue, putting the other lines in logical order.

—Regarde les prix, Marcel.

—Si, écoute, allons aux États-Unis pour les vacances.

—Super! C'est une idée géniale. Avez-vous aussi des amis à Miami?

—Mais on n'a pas d'argent pour le voyage.

—Quels prix?

—Dans quelle ville habitent-ils?

—Si, tu oublies. Maman travaille pour Nouvelles Frontières, et nous avons des amis en Amérique.

—Les prix des voyages.

—Toi, tu as une idée? Ce n'est pas possible.

—À New York. Mais oui! Ce sont des Belges, et ils sont vraiment sympathiques.

—Dis donc, ils sont très intéressants.

—Tu as raison, et j'ai une idée.

—Regarde les prix, Marcel.

—Quels prix? _____

—Les prix des voyages. _____

—Dis donc, ils sont très intéressants. _____

—Tu as raison, et j'ai une idée. _____

—Toi, tu as une idée? Ce n'est pas possible. _____

—Si, écoute, allons aux États-Unis pour les vacances. _____

—Mais on n'a pas d'argent pour le voyage. _____

—Si, tu oublies. Maman travaille pour Nouvelles Frontières, et nous avons

des amis en Amérique. _____

—Dans quelle ville habitent-ils? _____

—À New York. Mais oui! Ce sont des Belges, et ils sont vraiment

sympathiques. _____

—Super! C'est une idée géniale. Avez-vous aussi des amis à Miami? _____

3. Jacques and his parents don't have friends in Miami, but they do have friends in Mexico City. Jacques and Marcel will be going there on a whirlwind tour of capital cities that Jacques' mother has arranged. On the map these capitals are starred and numbered. Complete the following sentences in French, identifying the country and its capital city. Then tell which language(s) is (are) spoken there.

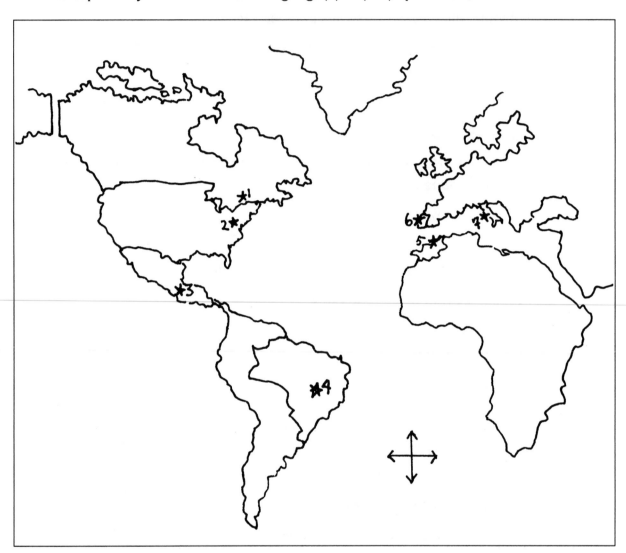

1. C'est la capitale **du Canada, Ottawa**, où on parle **anglais et français**.

2. C'est la capitale des États-Unis, Washington, où on parle anglais.

3. C'est la capitale du Mexique, Mexico, où on parle espagnol.

4. C'est la capitale du Brésil, Brasilia, où on parle portugais.

5. C'est la capitale du Maroc, Rabat, où on parle français (et arabe).

6. C'est la capitale du Portugal, Lisbonne, où on parle portugais.

7. C'est la capitale de l'Italie, Rome, où on parle italien.

4. Répondez en français en employant la carte dans l'Exercice 3.

1. Quels continents y a-t-il?

Il y a l'Europe, l'Afrique, l'Amérique du Nord et l'Amérique du Sud.

2. Quels océans et quelle mer y a-t-il?

Il y a l'océan Atlantique, l'océan Pacifique et la mer Méditerranée.

3. Quelle est la capitale du pays où vous habitez?

C'est . . .

4. Quel continent est au sud de l'Europe?

C'est l'Afrique.

5. Quel pays est au nord-est de l'Espagne?

C'est la France.

6. Quels sont les trois pays en Amérique du Nord?

Ce sont le Mexique, les États-Unis et le Canada.

5. Here are the friends that Jacques and Marcel will visit. Tell what their nationality is.

1. Michel habite à Ottawa, donc il est **canadien** .

2. David est de Washington, donc il est **américain** .

3. Hector habite à Mexico, donc il est **mexicain** .

4. Sergio est de Brasilia, donc il est **brésilien** .

5. Ahmad habite à Rabat, donc il est **marocain** .

6. Rabat est en Afrique, donc Ahmad est aussi **africain** .

7. Marco et Franco sont de Lisbonne, donc ils sont **portugais** .

8. Pasquale est de Rome, donc il est **italien** .

6. Write a French sentence that states the nationality of these people according to where they were born.

1. Michèle / Toronto   **Elle est canadienne.**

2. Suzanne / Atlanta   **Elle est américaine.**

3. Rosa / Mexico   **Elle est mexicaine.**

4. Marta / Rio   **Elle est brésilienne.**

5. Fatima / Afrique   **Elle est africaine.**

6. Maria / Lisbonne   **Elle est portugaise.**

7. Juana / Madrid   **Elle est espagnole.**

8. Natalia et Paolina / Venice   **Elles sont italiennes.**

7. Fabienne Latulippe wants to know where the following cities are in France. Find them on the map and then answer her.

MODÈLE:

Où est Strasbourg?
Strasbourg est dans le nord-est de la France.

1. Et Marseille?

Marseille est dans le sud de la France.

2. Et Paris?

Paris est dans le nord de la France.

3. Et Lyon?

Lyon est dans l'est de la France.

4. Et Toulon?

Toulon est dans le sud de la France.

5. Où sont Bordeaux et Biarritz?

Bordeaux et Biarritz sont dans le sud-ouest de la France.

6. Et où est Nantes?

Nantes est dans l'ouest de la France.

7. Et Brest?

Brest est aussi dans l'ouest de la France.

8. Et Le Havre?

Le Havre est dans le nord-ouest de la France.

9. Et Lille?

Lille est dans le nord de la France.

8. Four-year-old Jean-Pierre is looking at a copy of a map in *Géo,* the French equivalent of *National Geographic.* Nothing is labeled, and he wants to know what the lettered areas refer to. Tell him.

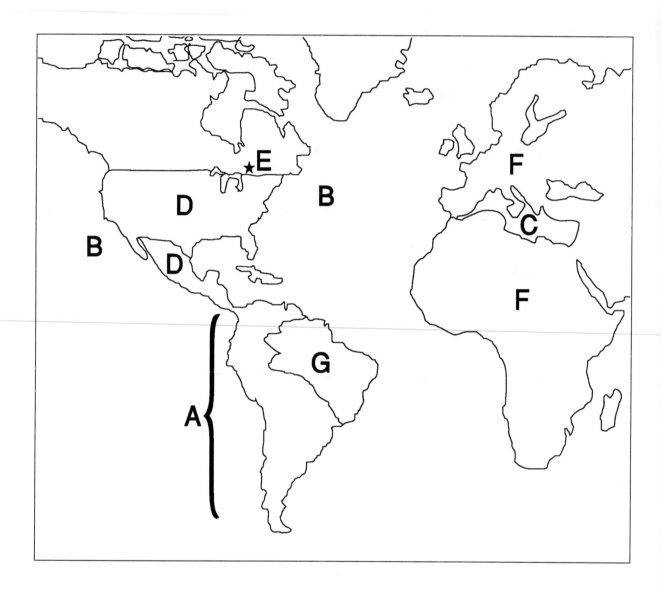

MODÈLE: A
            C'est un continent. C'est l'Amérique du Sud.

1. B

   Ce sont des océans. Ce sont l'océan Atlantique et l'océan Pacifique.

2. C

   C'est une mer. C'est la mer Méditerranée.

3. D

   Ce sont des pays. Ce sont les États-Unis et le Mexique.

4. E

   C'est une ville. C'est Montréal.

5. F

   Ce sont des continents. Ce sont l'Europe et l'Afrique.

6. G

   C'est un pays. C'est le Brésil.

9. Mots croisés

Complete the crossword puzzle. The mystery word, number 14 across, tells what one does in order to hear.

Horizontalement

2. Lille est dans le ___nord___ de la France.

5. Valérie est d'___origine___ belge.

8. Mohammed habite à Rabat. Il est ___marocain___.

9. À Rome on parle ___italien___.

11. Quand on est jeune, tout est ___possible___.

13. Voilà le café là-bas, à___gauche___.

14. ___écoute___

15. Au Brésil on parle ___portugais___.

Verticalement

1. Tu as ___raison___. C'est génial.

3. Elle est mexicaine, ___donc___ elle parle espagnol.

4. Les filles ___ont___-elles la Carte Bleue?

6. C'est une idée ___géniale___.

7. Vous avez des amis ___vraiment___ intéressants.

10. Tu oublies. Nous n'avons pas d'___argent___.

11. Comment sont les ___prix___ de Nouvelles Frontières?

12. Fabienne est une ___jeune___ Canadienne.

Leçon 8

10. Say that Frédéric has certain things, but so do other people.

    MODÈLE: Carte Bleue / Michel
                Frédéric a une Carte Bleue, mais Michel a aussi une Carte Bleue.

1. travail difficile / je

    Frédéric a un travail difficile, mais j'ai aussi un travail difficile.

2. cassettes / tu

    Frédéric a des cassettes, mais tu as aussi des cassettes.

3. idée géniale / nous

    Frédéric a une idée géniale, mais nous avons aussi une idée géniale.

4. billets d'avion pour Rabat / vous

    Frédéric a des billets d'avion pour Rabat, mais vous avez aussi des billets

    d'avion pour Rabat.

5. appartement / Brigitte et Jeanne

    Frédéric a un appartement, mais Brigitte et Jeanne ont aussi un appartement.

6. vacances / je

    Frédéric a des vacances, mais j'ai aussi des vacances.

7. cours d'anglais à neuf heures / toi et moi

    Frédéric a un cours d'anglais à neuf heures, mais toi et moi, nous

    avons aussi un cours d'anglais à neuf heures.

11. Express your opinions or tell about yourself in French, according to the directions.

A. Say that you like or don't like the following things.

1. vacances de Noël

J'aime/Je n'aime pas les vacances de Noël.

2. langues

J'aime/Je n'aime pas les langues.

3. idées du prof

J'aime/Je n'aime pas les idées du prof.

4. Européens

J'aime/Je n'aime pas les Européens.

5. sciences

J'aime/Je n'aime pas les sciences.

B. Say that the following people or things are or are not interesting. Do not use **ils** or **elles**.

6. pays africains

Les pays africains sont/ne sont pas intéressants.

7. villes du sud

Les villes du sud sont/ne sont pas intéressantes.

8. professeurs d'anglais

Les professeurs d'anglais sont/ne sont pas intéressants.

9. écoles françaises

Les écoles françaises sont/ne sont pas intéressantes.

C. Say that you have or don't have any of the following. (Remember to use **de** or **d'** after a negative verb.)

10. copains

J'ai des/Je n'ai pas de copains.

11. idées géniales

J'ai des/Je n'ai pas d'idées géniales.

12. amis mexicains

J'ai des/Je n'ai pas d'amis mexicains.

13. affiches intéressantes

J'ai des/Je n'ai pas d'affiches intéressantes.

12. Nicolas says things you don't agree with. Tell him so.

MODÈLE: Québec, ce n'est pas une ville canadienne.
Si, c'est une ville canadienne.

1. Il n'y a pas d'Africains ici.

Si, il y a des Africains ici.

2. Tu n'as pas d'idées.

Si, j'ai des idées.

3. Frédéric n'a pas la Carte Bleue.

Si, il a la Carte Bleue.

4. Tu n'as pas raison.

Si, j'ai raison.

5. Mais tu n'as pas de métier.

Si, j'ai un métier.

6. La Méditerranée, ce n'est pas une mer.

Si, c'est une mer.

7. Mais il n'y a pas de pays dynamiques en Europe.

Si, il y a des pays dynamiques en Europe.

8. Je n'oublie pas tout.

Si, tu oublies tout.

13. Continue to tell Nicolas that you don't agree with what he says.

MODÈLE: Il y a une Carte Bleue sur la table.
Non, il n'y a pas de Carte Bleue sur la table.

1. Il y a un océan au sud de la France.

   Non, il n'y a pas d'océan au sud de la France.

2. La Méditerranée et la Mer du Nord, ce sont des océans.

   Non, ce ne sont pas des océans.

3. Tu as une amie en Belgique.

   Non, je n'ai pas d'amie en Belgique.

4. Alors, tu as des amies en Amérique du Sud.

   Non, je n'ai pas d'amies en Amérique du Sud.

5. L'Amérique du Sud, c'est un pays.

   Non, ce n'est pas un pays.

6. Il y a des cours faciles à l'école.

   Non, il n'y a pas de cours faciles à l'école.

7. Mais j'ai raison.

   Non, tu n'as pas raison.

14. First tell in which countries the following cities are located. Then say that the people are going to that country tomorrow.

MODÈLE: Brasilia / Marie-Ange
Brasilia est au Brésil. Marie-Ange va au Brésil demain.

1. Chicago / Solange et Sophie

   Chicago est aux États-Unis. Solange et Sophie vont aux États-Unis demain.

2. Rabat / Mohammed

   Rabat est au Maroc. Mohammed va au Maroc demain.

3. Lisbonne / Sergio et moi

   Lisbonne est au Portugal. Sergio et moi, nous allons au Portugal demain.

4. Rome / tu

   Rome est en Italie. Tu vas en Italie demain.

5. Montréal / je

   Montréal est au Canada. Je vais au Canada demain.

6. Luxembourg / les Lagrange

   Luxembourg est au Luxembourg. Les Lagrange vont au Luxembourg demain.

7. Londres / Charles

   Londres est en Angleterre. Charles va en Angleterre demain.

15. The following sentences based on the **Lecture** in **Leçon 8** are false. Correct them.

1. La France est au sud de l'Espagne.

   La France est au sud de la Belgique et du Luxembourg.

2. On parle aussi français en Italie et en Allemagne.

   On parle aussi français en Belgique et au Luxembourg.

3. La France est à l'est de l'Allemagne.

   La France est à l'ouest de l'Allemagne.

4. En Suisse on parle quatre langues.

   En Suisse on parle trois langues.

5. Il y a un océan au sud-est de la France.

   Il y a une mer au sud-est de la France.

6. La Corse est un continent français.

   La Corse est une île française.

7. Napoléon est la ville principale de la Corse.

   Ajaccio est la ville principale de la Corse.

8. L'océan Atlantique est à l'est de la France.

   L'océan Atlantique est à l'ouest de la France.

9. Le Havre est la capitale de l'Angleterre.

   Londres est la capitale de l'Angleterre.

10. Les Français habitent en Angleterre.

   Les Anglais habitent en Angleterre.

Leçon 9

1. Mr. Duval is at the market. Choose the appropriate reply to complete his part of the conversation.

—Ah oui, j'oublie les oignons.
—Euh...une livre de carottes, s'il vous plaît.
—C'est tout pour aujourd'hui. C'est combien?
—Combien coûtent les haricots verts, s'il vous plaît?
—Super! Combien coûtent-ils?
—Non...une petite minute...euh....
—Alors, donnez-moi deux kilos d'oignons.
—Alors, un kilo de haricots verts. Vous avez aussi des carottes?

—Bonjour, Monsieur. Qu'est-ce que vous désirez?
—Combien coûtent les haricots verts, s'il vous plaît?
_____
—Vingt francs le kilo.
—Alors, un kilo de haricots verts. Vous avez aussi des carottes?
_____
—Mais oui. Combien de carottes?
—Euh...une livre de carottes, s'il vous plaît.
_____
—Voilà. C'est tout?
—Non...une petite minute...euh....
_____
—Regardez les oignons. Ils sont....
—Ah oui, j'oublie les oignons.
_____
—Ils sont en promotion aujourd'hui.
—Super! Combien coûtent-ils?
_____
—Cinq francs le kilo.
—Alors, donnez-moi deux kilos d'oignons.
_____
—Voilà. Et avec cela?
—C'est tout pour aujourd'hui. C'est combien?
_____
—Trente-trois francs vingt.

2. Michèle has some stamps from France, Senegal, the Ivory Coast and Polynesia.
Write the value of each stamp in francs.

MODÈLE:

un franc trente

1. **trente-quatre**

francs _____

2. **quarante-cinq**

francs _____

4. **zéro franc cinquante** _____

_____

3. **un franc quarante**

_____

5. **trente-cinq francs**

_____

6. **soixante francs** _____

_____

7. **quarante francs** _____

_____

8. **un franc cinquante** _____

_____

3. As president of the Outing Club you must write the amount payable to each person on a check before the treasurer dates and signs it. The model shows you how. For number 1, fill in the amount on the check itself, and for numbers 2-7 write the amount in the blank provided.

MODÈLE:

N° 3233669 MR

B.P.F _58,32_

CREDIT LYONNAIS

PAYEZ CONTRE CE CHÈQUE NON ENDOSSABLE
sauf au profit d'une banque ou d'un organisme visé par la loi _Cinquante-huit francs trente-_

deux

somme en toutes lettres

A _Claudine Blanchard_

PAYABLE A _____ LE _____ 19 _____

75006 PARIS-
ODEON   804
8 R ANCIENNE COMEDIE
TEL. (1) 325-17-00
COMPENSABLE A PARIS

CTE 043963C   MO155
MME SZEPS FRALIN CHRISTIANE
16 RUE DE LILLE
75007 PARIS

CLB/R/O

LOT MG248

⑾3233669 ⑾000000002183⑾ 0804⑾396302⑾

1.

N° 3233669 MR

B.P.F _60,46_

CREDIT LYONNAIS

PAYEZ CONTRE CE CHÈQUE NON ENDOSSABLE
sauf au profit d'une banque ou d'un organisme visé par la loi _soixante francs quarante-six_

somme en toutes lettres

A _Brigitte Amïable_

PAYABLE A _____ LE _____ 19 _____

75006 PARIS-
ODEON   804
8 R ANCIENNE COMEDIE
TEL. (1) 325-17-00
COMPENSABLE A PARIS

CTE 043963C   MO155
MME SZEPS FRALIN CHRISTIANE
16 RUE DE LILLE
75007 PARIS

CLB/R/O

LOT MG248

⑾3233669 ⑾000000002183⑾ 0804⑾396302⑾

2. 37,52

trente-sept francs cinquante-deux _____

3. 49,35

quarante-neuf francs trente-cinq _____

4. 53,54

cinquante-trois francs cinquante-quatre _____

5. 35,16

trente-cinq francs seize _____

6. 21,41

vingt et un francs quarante et un _____

7. 56,38

cinquante-six francs trente-huit _____

8. 42,34

quarante-deux francs trente-quatre _____

4. Unscramble the following French names of vegetables.

1. dipséanr	**épinards**	
2. settaom	**tomates**	
3. sevdnie	**endives**	
4. tipset sipo	**petits pois**	
5. statcoer	**carottes**	
6. trohsaic tsevr	**haricots verts**	
7. opmems ed reret	**pommes de terre**	
8. igsoonn	**oignons**	

5. In the letter grid find ten French words associated with shopping. The letters may go horizontally or vertically.

prix	client
franc	choix
marché	monnaie
coûter	kilo
livre	promotion

6. Your little brother Yann always asks what people are doing. Write what he would ask you upon seeing the following situations.

MODÈLE: Un homme compte l'argent.
Qu'est-ce qu'il compte?

1. Tu cherches une disquette.

   Qu'est-ce que tu cherches? _____

2. M. Blanc achète des légumes chez l'épicière.

   Qu'est-ce qu'il achète? _____

3. Mme Blanc regarde la télé.

   Qu'est-ce qu'elle regarde? _____

4. Tu demandes des adresses au bureau d'information.

   Qu'est-ce que tu demandes? _____

5. Martine et Carole étudient l'histoire.

   Qu'est-ce qu'elles étudient? _____

6. Jean donne dix francs au professeur.

   Qu'est-ce qu'il donne? _____

7. Une amie et toi, vous chantez "Frère Jacques."

   Qu'est-ce que vous chantez? _____

8. Éric et Christophe montrent la carte à Anne.

   Qu'est-ce qu'ils montrent? _____

7. Answer the questions as they relate to you. Write complete sentences using **beaucoup, peu, trop, assez** or **un peu**, as appropriate. **(Answers will vary. These are samples.)**

1. Est-ce que vous étudiez le français?

   Oui, j'étudie un peu le français.

2. Est-ce que vous regardez la télé?

   Oui, mais je regarde trop la télé.

3. Est-ce que vous aimez la musique?

   Oui, j'aime beaucoup la musique.

4. Est-ce que vous aimez Michael Jackson?

   Oui, j'aime assez Michael Jackson.

5. Est-ce que vous voyagez?

   Oui, mais je voyage peu.

6. Est-ce que vous aidez les copains?

   Oui, j'aide beaucoup les copains.

7. Est-ce que vous chantez?

   Oui, je chante un peu.

8. Est-ce que vous parlez en classe?

   Oui, mais je parle trop en classe.

8. Ask your manager how many of these vegetables have been delivered to your grocery store.

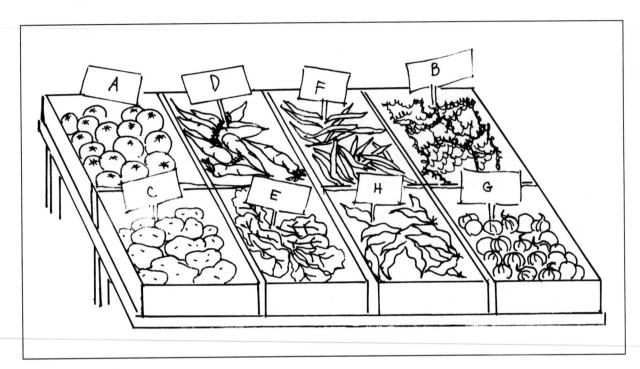

MODÈLE: A

Combien de tomates y a-t-il?

1. B

Combien d'endives y a-t-il? _____

2. C

Combien de pommes de terre y a-t-il? _____

3. D

Combien de carottes y a-t-il? _____

4. E

Combien d'épinards y a-t-il? _____

5. F

Combien de haricots verts y a-t-il? _____

6. G

Combien d'oignons y a-t-il? _____

7. H

Combien de petits pois y a-t-il? _____

9. Reorder the following words to make complete sentences that tell what people are or aren't buying. Use correct verb forms and remember to add **des**, **de** or **d'** to each sentence.

1. beaucoup / acheter / fruits / nous

   Nous achetons beaucoup de fruits.
   _____

2. peu / acheter / café / je / un

   J'achète un peu de café.
   _____

3. Solange / trop / légumes / acheter

   Solange achète trop de légumes.
   _____

4. acheter / Mme Colin / endives

   Mme Colin achète des endives.
   _____

5. peu / vous / acheter / épinards

   Vous achetez peu d'épinards.
   _____

6. acheter / tu / assez / haricots verts

   Tu achètes assez de haricots verts.
   _____

7. tomates / Pauline / ne / beaucoup / acheter / pas / Élodie / et

   Pauline et Élodie n'achètent pas beaucoup de tomates.
   _____

8. Frédéric / choses / beaucoup / et / acheter / Martin

   Frédéric et Martin achètent beaucoup de choses.
   _____

10. Complete each sentence logically with one of the following words. Use each word once and make necessary changes.

quel	bon
brésilien	gros
italien	européen
canadien	

1. Les carottes de l'épicier ne sont pas petites. Elles sont ____**grosses**____ .

2. Sonia est de Brasilia. Elle est ____**brésilienne**____ .

3. Je n'aime pas beaucoup les endives. Elles ne sont pas très ____**bonnes**____ .

4. Bruxelles et Madrid sont des villes ____**européennes**____ .

5. Québec est une ville ____**canadienne**____ .

6. ____**Quelles**____ cassettes préfère-t-il?

7. Rome est une ville ____**italienne**____ .

11. Find the two adjectives in this list that best describe each person or thing pictured. Then use these adjectives to complete the descriptions.

bon	jeune
joli	gros
grand	petit
sympathique	italien
américain	content

1. Voilà une maison.

C'est une _____jolie maison_____ .

C'est aussi une _____grande maison_____ .

2. Voilà un professeur.

C'est un _____jeune professeur_____ .

C'est aussi un_____professeur sympathique_____ .

3. Voilà une université.

C'est une _____bonne université_____ .

C'est aussi une _____université_____

_____américaine_____ .

4. Voilà un garçon.

C'est un _____petit garçon_____ .

C'est aussi un _____garçon content_____ .

5. Voilà un chanteur.

C'est un _____gros chanteur_____ .

C'est aussi un _____chanteur italien_____ .

12. You work at the information desk in a big department store. When people ask if you have a specific item, tell them that you have some of these items.

      MODÈLE: Est-ce que vous avez un joli sac?
              Oui, nous avons de jolis sacs.

1. Avez-vous une affiche sénégalaise?

   Oui, nous avons des affiches sénégalaises.

2. Avez-vous un bon magnétophone?

   Oui, nous avons de bons magnétophones.

3. Est-ce que vous avez une autre cassette?

   Oui, nous avons d'autres cassettes.

4. Avez-vous un livre intéressant?

   Oui, nous avons des livres intéressants.

5. Est-ce que vous avez une grosse boîte?

   Oui, nous avons de grosses boîtes.

6. Est-ce que vous avez une petite table?

   Oui, nous avons de petites tables.

7. Avez-vous un grand sac?

   Oui, nous avons de grands sacs.

13. Correct the errors in the following statements according to the **Actualité culturelle**.

1. Open-air markets are found only in Paris.

   Open-air markets are found in all French-speaking cities, large and small.

2. Open-air markets begin to operate at mid-morning.

   They begin to operate early in the morning.

3. People come to open-air markets only to shop.

   They come also to chat, watch and browse.

4. Markets operate only during the summer months.

They operate year-round. _____

_____

5. People prefer buying produce at the open-air market because prices are lower than in a store.

People prefer buying produce at the market because it is fresher. _____

_____

6. You can find only fruit and vegetables at an open-air market.

You can find every kind of food: produce, meat, fish, dairy products, as well

as flowers. _____

7. At the open-air market customers always pay the listed price.

Buyers and sellers often bargain and argue about the price. _____

_____

8. Markets in the Caribbean islands sell the same products as the Parisian markets.

The products in Caribbean markets are different and more exotic than those in

Parisian markets. _____

14. Write a short paragraph in which you discuss the advantages and disadvantages of an open-air market.

_____

_____

_____

_____

_____

_____

_____

Leçon 10

1. The French Club is having a big dinner. Say that everything is very good.

MODÈLE:  La viande est très bonne.

1. **Les légumes**

sont très bons.

2. **Les frites**

sont très bonnes.

3. **La mayonnaise**

est très bonne.

4. **La moutarde**

est très bonne.

5. **Le pain**

est très bon.

6. **Le bifteck**

est très bon.

7. **Le fromage**

est très bon.

8. **Les fruits**

sont très bons.

9. **Le dessert est**

très bon./La glace

est très bonne.

2. Only the first line of the following dialogue is in order. Rewrite the dialogue, putting the other lines in logical order.

—Où vas-tu?

—Non, on reste à la maison et on dîne avec les enfants.

—Des hamburgers avec du ketchup et du Coca-Cola.

—Oui, on va avoir un bon repas. Ça va être super.

—Eh bien, moi, je n'aime pas ça. Je vais dîner au restaurant.

—Du pain, de la viande, un peu de tout.

—C'est-à-dire?

—Les enfants.

—Au marché. Je vais faire des courses.

—Ah bon? Et qu'est-ce qu'ils préparent?

—Mais, on ne va pas au restaurant?

—Pourquoi? C'est pour ce soir?

—Un repas américain.

—Ah bon? Et qu'est-ce que tu vas acheter?

—Ah bon? Et qui fait la cuisine?

—Où vas-tu?

—Au marché. Je vais faire des courses.

—Ah bon? Et qu'est-ce que tu vas acheter?

—Du pain, de la viande, un peu de tout.

—Pourquoi? C'est pour ce soir?

—Oui, on va avoir un bon repas. Ça va être super.

—Mais, on ne va pas au restaurant?

—Non, on reste à la maison et on dîne avec les enfants.

—Ah bon? Et qui fait la cuisine?

—Les enfants.

—Ah bon? Et qu'est-ce qu'ils préparent?

—Un repas américain.

—C'est-à-dire?

—Des hamburgers avec du ketchup et du Coca-Cola.

—Eh bien, moi, je n'aime pas ça. Je vais dîner au restaurant.

3. Mots croisés. Complete the crossword puzzle.

Horizontalement

1. Après le repas on mange du dessert ou du
   __**fromage**__ .

4. Dans les hamburgers il y a du bifteck
   __**haché**__ .

5. _____**Si**_____ tu vas chez l'épicier, achète
   des fruits.

7. Je préfère manger dans un bon
   __**restaurant**__ .

12. Ce soir les Durand ne vont pas au restau-
    rant. Ils __**restent**__ à la maison.

13. Denis fait les frites, et Catherine prépare la
    __**viande**__ .

14. Qui __**prépare**__ le repas?

15. Je préfère l'__**eau**__ au coca.

16. Les fruits et la glace sont des __**desserts**__ .

Verticalement

1. Qu'est-ce que tu vas _____**faire**_____ demain?

2. Je préfère la __**moutarde**__ à la mayonnaise.

3. Mange-t-on du _____**pain**_____ avec le fromage?

6. Ce soir les enfants font la _____**cuisine**_____ .

8. M. Durand adore la _____**glace**_____ américaine.

9. Denis et Catherine sont les _____**enfants**__ de
   M. et Mme Durand.

10. Quand je vais chez McDonald, je mange
    trop de _____**frites**_____ .

11. _____**Dînes**_____-tu avec nous ce soir?

14. Oui, on va dîner ensemble et _____**puis**_____ on
    va regarder la télé.

4. You're thinking out loud. Ask yourself what the following people are doing. Then, after you look at each picture, answer your own question.

MODÈLE: les Dubois / aujourd'hui
Qu'est-ce que les Dubois font aujourd'hui?
Ah oui, ils font un voyage.

1. je / ce soir

Qu'est-ce que

je fais ce soir?

Ah oui, je regarde

la télé.

2. tu / aujourd'hui

Qu'est-ce que

tu fais aujourd'hui?

Ah oui, tu fais

des courses.

3. Virginie / à l'école

Qu'est-ce que

Virginie fait à l'école?

Ah oui, elle fait du

français.

4. Paul et toi / ce soir

Paul et toi, qu'est-ce

que vous faites ce so

Ah oui, vous faites

la cuisine.

5. nous / ce soir

Qu'est-ce que nous

faisons ce soir?

Ah oui, nous restons à

la maison.

6. les enfants / aujourd'

Qu'est-ce que les

enfants font

aujourd' hui? Ah oui,

ils vont à l'école.

7. on / aujourd'hui

Qu'est-ce qu'on fait

aujourd'hui?

Ah oui, on va chez

l'épicier.

8. vous / maintenant

Qu'est-ce que vous

faites maintenant?

Ah oui, vous mangez

des frites.

5. You're having a slumber party, and you decide to raid the refrigerator. Tell your friends what there is to eat and drink.

MODÈLE: **Il y a du café.**

 1. **Il y a du coca.**

 2. **Il y a de la viande.**

 3. **Il y a de la glace.**

4. **Il y a du pain.**

 5. **Il y a du fromage.**

 6. **Il y a du ketchup.**

 7. **Il y a de la moutarde et de la mayonnaise.**

 8. **Il y a du dessert.**

6. Jean-François asks too many questions. Answer him in the negative.

MODÈLE: Est-ce que tu fais des frites?
Non, je ne fais pas de frites.

1. Est-ce que tu fais des courses?

Non, je ne fais pas de courses.

2. Est-ce que tu fais du dessert?

Non, je ne fais pas de dessert.

3. Est-ce que tu fais de la mayonnaise?

Non, je ne fais pas de mayonnaise.

4. Fais-tu un voyage?

Non, je ne fais pas de voyage.

5. Fais-tu de l'anglais?

Non, je ne fais pas d'anglais.

6. Fais-tu du café?

Non, je ne fais pas de café.

7. Prépares-tu un repas?

Non, je ne prépare pas de repas.

8. Fais-tu des maths?

Non, je ne fais pas de maths.

7. Complete the following sentences with **de**, **d'**, **des** or **les**.

Robert va chez l'épicière pour Maman. Il achète _____**des**_ petits pois, beaucoup _____**de**_____ haricots verts et _____**des**_____ tomates. Il achète aussi _____**des**_____ endives, un peu _____**d'**_____ oignons et un peu _____**de**_____ carottes. Quand il arrive à la maison:

MAMAN: Tu n'as pas _____**d'**_____ épinards?

ROBERT: Non, je n'aime pas beaucoup _____**les**_____ épinards.

MAMAN: Il y a trop _____**de**_____ haricots verts.

ROBERT: Mais j'aime beaucoup _____**les**_____ haricots verts.

MAMAN: Il n'y a pas assez _____**d'**_____ oignons.

ROBERT: J'aime peu _____**les**_____ oignons.

MAMAN: Et il n'y a pas beaucoup _____**de**_____ carottes.

ROBERT: Mais je n'ai pas assez _____**d'**_____ argent.

8. As you stand in the cafeteria line, you overhear people saying how good things are. Repeat what you hear. Then tell the servers to give you some of these things.

> MODÈLE: viande
> **La viande est bonne.**
> **Donnez-moi de la viande, s'il vous plaît.**

1. bifteck

   Le bifteck est bon.

   Donnez-moi du bifteck, s'il vous plaît.

2. petits pois

   Les petits pois sont bons.

   Donnez-moi des petits pois, s'il vous plaît.

3. endives

   Les endives sont bonnes.

   Donnez-moi des endives, s'il vous plaît.

4. moutarde

   La moutarde est bonne.

   Donnez-moi de la moutarde, s'il vous plaît.

5. frites

   Les frites sont bonnes.

   Donnez-moi des frites, s'il vous plaît.

6. dessert

   Le dessert est bon.

   Donnez-moi du dessert, s'il vous plaît.

7. eau

   L'eau est bonne.

   Donnez-moi de l'eau, s'il vous plaît.

9. You prefer certain things to others. Express your preferences. Then ask for some of these things.

MODÈLE: épinards / carottes
Je préfère les épinards aux carottes.
Donnez-moi des épinards, s'il vous plaît.

1. billets / monnaie

Je préfère les billets à la monnaie.

Donnez-moi des billets, s'il vous plaît.

2. mayonnaise / ketchup

Je préfère la mayonnaise au ketchup.

Donnez-moi de la mayonnaise, s'il vous plaît.

3. eau / café

Je préfère l'eau au café.

Donnez-moi de l'eau, s'il vous plaît.

4. glace / fromage

Je préfère la glace au fromage.

Donnez-moi de la glace, s'il vous plaît.

5. légumes / viande

Je préfère les légumes à la viande.

Donnez-moi des légumes, s'il vous plaît.

6. dessert / fruits

Je préfère le dessert aux fruits.

Donnez-moi du dessert, s'il vous plaît.

10. You have plans. Tell what you are or are not going to do today, tonight, tomorrow or sometime in the future. Use the verbs in this list.

rester	faire
regarder	manger
avoir	changer
aller	être

MODÈLE: étudier
Aujourd'hui (ce soir, demain) je ne vais pas étudier.

(Answers will vary. These are samples.)

1. **Ce soir je vais rester à la maison.** _____

2. **Aujourd'hui je vais faire de l'histoire.** _____

3. **Ce soir je vais regarder la télé.** _____

4. **Aujourd'hui je ne vais pas trop manger.** _____

5. **Je vais avoir beaucoup d'argent.** _____

6. **Demain je vais changer de place en cours de maths.** _____

7. **Je vais aller en Europe.** _____

8. **Je vais être prof.** _____

11. Reorder the following words to make complete sentences. Use correct verb forms and remember to add articles where necessary.

1. dommage / être / vraiment / c'

   C'est vraiment dommage. _____

2. très / dessert / bon / glace / être

   La glace est un très bon dessert. _____

3. manger / avec / hamburgers / aller / est-ce que / vous / ketchup

   Est-ce que vous allez manger des hamburgers avec du ketchup? _____

4. assez / ne...pas / eau / mais / avoir / on

   Mais on n'a pas assez d'eau. _____

5. faire / allemand / nous / et / aller / français

   Nous allons faire du français et de l'allemand. _____

6. de Denis / être / pour / d'avis / parents / trop / vieux / changer

   Les parents de Denis sont trop vieux pour changer d'avis. _____

7. puis / faire / enfants / frites / dessert / et / aller

   Les enfants vont faire les frites et puis le dessert. _____

8. aller / Mme Durand / ce soir / elle / seul / restaurant / alors / être

   Mme Durand est seule, alors ce soir elle va au restaurant. _____

12. The following sentences based on the **Lecture** in **Leçon 10** are false. Correct them.

1. Dédé va chez McDonald.

   Dédé va chez l'épicière.

2. Dédé demande à l'épicière si elle a de l'eau.

   Dédé demande à l'épicière si elle a du Coca-Cola.

3. Le Super-Cola va très bien avec un restaurant et des frites.

   Le Super-Cola va très bien avec un hamburger, des frites et de la glace.

4. Dédé demande combien coûte la glace.

   Dédé demande combien coûte le Super-Cola.

5. L'épicière n'a plus de Super-Cola parce que Dédé achète du Super-Cola.

   L'épicière n'a plus de Super-Cola parce que tout le monde achète du Super-Cola.

6. Dédé demande du fromage pour une pauvre vieille dame.

   Dédé demande de l'argent pour une pauvre vieille dame.

7. Dédé va acheter du coca avec l'argent.

   Dédé va acheter des bonbons avec l'argent.

8. Vingt-cinq et vingt-trois font cinquante-huit.

   Vingt-cinq et vingt-trois font quarante-huit.

9. Dédé a déjà de l'argent à l'école.

   Dédé a déjà de l'argent à la maison.

13. Dédé goes to a fast food restaurant and orders several items. Look at the menu and answer the following questions. (Write out the numbers.)

HAMBURGER

CHEESEBURGER

FILET-O-FISH

DOUBLE-CHEESEBURGER

FRITES
7F 10

MILKSHAKES
6F 30

BIG HAMBURGER
14F 60

CHICKEN

CHAUSSONS AUX FRUITS OU SUNDAES
5F 20

Spécial enfants !
Notre "Happy Meal™":un délicieux menu conçu spécialement pour les enfants avec des jeux et des surprises à collectionner"

1. Combien coûtent les frites?
sept francs dix

2. Combien coûte le Big Hamburger?
quatorze francs soixante

3. Combien coûte le milkshake?
six francs trente

4. Combien coûte le chausson aux pommes?
cinq francs vingt

5. Et quel est le prix du repas de Dédé?
trente-trois francs vingt

6. Préférez-vous le chausson aux pommes ou la glace?
Je préfère le chausson aux pommes/la glace.

Leçon 11

1. Alain and Xavier have some strange eating habits. Each week they eat only one kind of food. Tell whether they will gain or lose weight if they eat the indicated quantities each day.

    MODÈLE: une pomme
                S'ils mangent une pomme, ils vont maigrir.

1. beaucoup de petits gâteaux

   S'ils mangent beaucoup de petits gâteaux, ils vont grossir.

2. peu de frites

   S'ils mangent peu de frites, ils vont maigrir.

3. quatre kilos de bananes

   S'ils mangent quatre kilos de bananes, ils vont grossir.

4. quelques fraises

   S'ils mangent quelques fraises, ils vont maigrir.

5. une pêche

   S'ils mangent une pêche, ils vont maigrir.

6. une livre de framboises

   S'ils mangent une livre de framboises, ils vont maigrir.

7. trop de glace

   S'ils mangent trop de glace, ils vont grossir.

8. trois oranges

   S'ils mangent trois oranges, ils vont maigrir.

2. In the letter grid find the French words for eight parts of the body. The letters may go backwards or forwards; they may go up, down, across or diagonally.

A	T	L	D	O	S	F	R	E
G	L	E	I	N	A	C	H	F
R	I	S	T	A	R	N	M	E
P	R	Z	S	E	B	M	A	J
A	P	S	R	G	E	T	I	H
V	E	N	T	R	E	E	N	M
S	T	U	I	O	P	L	H	E
A	J	C	O	G	E	T	D	P

dos
_____

jambe
_____

ventre
_____

gorge
_____

bras
_____

main
_____

pied
_____

tête
_____

3. Claire is too hungry and tired to do anything. Choose the appropriate response to complete her part of the conversation.

—D'accord, mais où?

—Mais je ne veux pas faire de courses. Et puis je ne veux pas manger.

—Je ne veux pas de frites. Je veux un bon repas.

—Parce que j'ai faim. Je ne mange pas assez.

—Si, mais j'ai mal aux jambes, et puis je ne veux pas grossir.

—J'ai mal à la tête.

—Tu oublies, il n'y a pas de restaurant ici.

—Tu ne vas pas bien? Où as-tu mal?

—J'ai mal à la tête.

—Pourquoi as-tu mal à la tête?

—Parce que j'ai faim. Je ne mange pas assez.

—Alors, déjeunons maintenant.

—D'accord, mais où?

—Ici au village. Il y a une friterie sur la place.

—Je ne veux pas de frites. Je veux un bon repas.

—Alors, allons au restaurant.

—Tu oublies, il n'y a pas de restaurant ici.

—Si tu veux bien manger, il faut faire des courses alors!

—Mais je ne veux pas faire de courses. Et puis je ne veux pas manger.

—Pourquoi? Tu n'as pas faim?

—Si, mais j'ai mal aux jambes, et puis je ne veux pas grossir.

4. Identify the people in the following pictures and tell what's wrong with them.

MODÈLE:  **C'est un garçon qui a soif.**

 1. C'est un garçon qui a mal à la gorge.

 2. C'est une dame qui a mal au dos.

 3. C'est un monsieur qui a mal au bras.

 4. Ce sont deux garçons qui ont mal aux pieds.

 5. Ce sont deux jeunes filles qui ont mal aux jambes.

 6. C'est un garçon qui a mal au ventre.

 7. C'est une jeune fille qui a mal à la tête.

 8. C'est un monsieur qui a mal à la main.

5. Your family does a lot together. Ask your parents if you have to do the following things now.

    MODÈLE: On achète des billets.
                  Faut-il acheter des billets maintenant?

1. On va à Bastogne.

   Faut-il aller à Bastogne maintenant?

2. On fait des courses.

   Faut-il faire des courses maintenant?

3. On maigrit.

   Faut-il maigrir maintenant?

4. On cherche un hôtel.

   Faut-il chercher un hôtel maintenant?

5. On dîne.

   Faut-il dîner maintenant?

6. On finit le dessert.

   Faut-il finir le dessert maintenant?

7. On rentre au village.

   Faut-il rentrer au village maintenant?

6. Michel wants to know who is choosing the fruit that will go into the basket your class is preparing. Tell him.

MODÈLE:  nous
Nous choisissons les fruits.

1. Arnaud et Pierre

Arnaud et Pierre

choisissent les raisins.

2. Aurèle

Aurèle choisit

les poires.

3. je

Je choisis les fraises.

4. tu

Tu choisis les

framboises.

5. Mireille et toi

Mireille et toi, vous

choisissez les

pommes.

6. Paul et moi

Paul et moi, nous

choisissons les

bananes.

7. Antoine

Antoine choisit les

pêches.

8. Catherine et Sophie

Catherine et Sophie

choisissent les

oranges.

7. Pauline doesn't want to do certain things. Tell her not to do them.

    MODÈLE: faire des courses
                Alors, ne fais pas de courses.

1. grossir

   Alors, ne grossis pas.

2. trop manger

   Alors, ne mange pas trop.

3. finir le repas

   Alors, ne finis pas le repas.

4. passer la nuit ici

   Alors, ne passe pas la nuit ici.

5. maigrir

   Alors, ne maigris pas.

6. choisir l'hôtel

   Alors, ne choisis pas l'hôtel.

7. aller à Bastogne

   Alors, ne va pas à Bastogne.

8. Now Xavier and Alain don't want to do these same things. Tell them not to do them.

MODÈLE: faire des courses
Alors, ne faites pas de courses.

1. grossir

Alors, ne grossissez pas.

2. trop manger

Alors, ne mangez pas trop.

3. finir le repas

Alors, ne finissez pas le repas.

4. passer la nuit ici

Alors, ne passez pas la nuit ici.

5. maigrir

Alors, ne maigrissez pas.

6. choisir l'hôtel

Alors, ne choisissez pas l'hôtel.

7. aller à Bastogne

Alors, n'allez pas à Bastogne.

9. Your friends tell you what has to be done. Suggest that all of you do these things.

MODÈLE: Il faut faire des courses.
Alors, faisons des courses.

1. Il faut acheter des fruits.

Alors, achetons des fruits.

2. Il faut choisir un restaurant.

Alors, choisissons un restaurant.

3. Il faut aller à la friterie.

Alors, allons à la friterie.

4. Il faut maigrir.

Alors, maigrissons.

5. Il faut travailler.

Alors, travaillons.

6. Il faut finir le travail.

Alors, finissons le travail.

7. Il faut arriver en avance.

Alors, arrivons en avance.

10. Your class is planning a picnic. Ask if the following people want some of these items.

MODÈLE:

Aurèle
Aurèle veut-elle des tomates?

1. Marc et François

Marc et François

veulent-ils des

hamburgers?

2. Jean-Claude

Jean-Claude

veut-il du coca?

3. Marie-Ange et toi

Marie-Ange et toi,

voulez-vous des

petits gâteaux?

4. Valérie et Annie

Valérie et Annie

veulent-elles des

cerises?

5. tu

Veux-tu des

oranges?

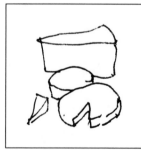

6. Corinne

Corinne veut-elle

du fromage?

11. Now it's time to buy the things for your picnic. Your teacher asks you the questions from Exercise 10. Answer them in the negative.

MODÈLE: Aurèle veut-elle des tomates?
Non, elle ne veut pas de tomates.

1. Marc et François veulent-ils des hamburgers?

Non, ils ne veulent pas de hamburgers.

2. Jean-Claude veut-il du coca?

Non, il ne veut pas de coca.

3. Marie-Ange et toi, voulez-vous des petits gâteaux?

Non, nous ne voulons pas de petits gâteaux.

4. Valérie et Annie veulent-elles des cerises?

Non, elles ne veulent pas de cerises.

5. Et toi, veux-tu des oranges?

Non, je ne veux pas d'oranges.

6. Corinne veut-elle du fromage?

Non, elle ne veut pas de fromage.

12. Complete the following sentences according to the **Actualité culturelle**.

1. French cooking is famous for its variety and _____**quality**_____ .

2. The French always leave the fork in their _____**left hand**_____ .

3. For ordinary meals at home the French usually use the same
   _____**cloth napkins more than once**_____ .

4. In France the first course of the evening meal in the winter is often _____**soup**_____ .

5. For breakfast many French families have buttered bread with jelly or jam dipped
   into _____**coffee or hot chocolate**_____ .

6. Since many French people have little time for lunch, they often eat at
   _____**fast-food establishments**_____ .

7. Menus and prices are always posted _____**outside a restaurant**_____ .

8. In France an **hors-d'oeuvre** or an **entrée** is the course that is served
   _____**before the main course**_____ .

13. Correct the errors in the following statements according to the **Actualité culturelle**.

1. While eating, the French always keep one hand in their lap.

While eating, the French keep both hands above or resting on the table.
_____

2. At home the French usually put their bread on their plate.

At home the French usually leave their bread on the tablecloth.
_____

3. When the French eat meat, they first cut all of it into bite-sized pieces and then eat it.

When the French eat meat, they cut off one bite-sized piece at a time and eat it.

_____

4. The French eat soup from big bowls.

The French eat soup from deep plates.
_____

5. A typical French breakfast consists of bacon, eggs and toast.

A typical French breakfast consists of bread or *croissants* and coffee, tea or

hot chocolate.

6. The French go to sidewalk cafés or restaurants just to eat.

The French go to sidewalk cafés or restaurants not only to eat but also to talk

with friends and enjoy the sun.

7. At dinner the salad course precedes the main dish.

The salad course follows the main dish.

8. For a big meal the French usually serve five dishes at the same time.

For a big meal the French usually serve five dishes separately and in a

certain order.

14. Write a short paragraph in which you discuss the main differences between French and American eating habits.

_____

_____

_____

_____

Leçon 12

1. Here are three French menus with the different courses out of order. Reorder them. (You may want to refer to the **Actualité culturelle** in **Leçon 11** and the **Notes culturelles** in this **Leçon**.)

<table>
<tr><td>MENU 1</td><td>MENU 1</td></tr>
<tr><td>salade verte</td><td>sardines</td></tr>
<tr><td>mousse au chocolat</td><td>poulet à l'ancienne</td></tr>
<tr><td>café</td><td>haricots verts</td></tr>
<tr><td>camembert</td><td>salade verte</td></tr>
<tr><td>sardines</td><td>camembert</td></tr>
<tr><td>haricots verts</td><td>mousse au chocolat</td></tr>
<tr><td>poulet à l'ancienne</td><td>café</td></tr>
<tr><td>MENU 2</td><td>MENU 2</td></tr>
<tr><td>tarte aux pommes</td><td>salade de tomates</td></tr>
<tr><td>café</td><td>poisson</td></tr>
<tr><td>pommes de terre</td><td>pommes de terre</td></tr>
<tr><td>poisson</td><td>salade verte</td></tr>
<tr><td>brie</td><td>brie</td></tr>
<tr><td>salade de tomates</td><td>tarte aux pommes</td></tr>
<tr><td>salade verte</td><td>café</td></tr>
<tr><td>MENU 3</td><td>MENU 3</td></tr>
<tr><td>bifteck</td><td>quiche</td></tr>
<tr><td>salade d'endives</td><td>bifteck</td></tr>
<tr><td>fromage</td><td>carottes</td></tr>
<tr><td>quiche</td><td>salade d'endives</td></tr>
<tr><td>café</td><td>fromage</td></tr>
<tr><td>carottes</td><td>glace</td></tr>
<tr><td>glace</td><td>café</td></tr>
</table>

2. Only the first line of the following dialogue is in order. Rewrite the dialogue, putting the other lines in logical order.

—Qu'est-ce qu'il y a sur le menu à soixante francs?

—D'accord, si tu veux. Je vais appeler le serveur.

—Mais le bifteck n'est pas très bon pour le régime si on veut maigrir.

—Moi, je n'aime pas le poisson. Je veux du bifteck.

—Non, non. Je n'aime pas le vin. De l'eau minérale.

—Du poisson. Il est toujours très frais et très bon ici.

—Alors, qu'est-ce qu'on va boire, du vin?

—Non, je veux du bifteck. Je n'ai pas besoin de maigrir.

—Tu as raison. Alors, je vais commander le poisson. Toi aussi?

—Qu'est-ce qu'il y a sur le menu à soixante francs?

—Du poisson. Il est toujours très frais et très bon ici.

—Moi, je n'aime pas le poisson. Je veux du bifteck.

—Mais le bifteck n'est pas très bon pour le régime si on veut maigrir.

—Tu as raison. Alors, je vais commander le poisson. Toi aussi?

—Non, je veux du bifteck. Je n'ai pas besoin de maigrir.

—Alors, qu'est-ce qu'on va boire, du vin?

—Non, non. Je n'aime pas le vin. De l'eau minérale.

—D'accord, si tu veux. Je vais appeler le serveur.

3. You and your little brother are setting the table for five. Tell him what things to give you.

MODÈLE: a

Donne-moi cinq verres.

1. b

   Donne-moi cinq assiettes.

2. c

   Donne-moi cinq cuillères.

3. d

   Donne-moi cinq serviettes.

4. e

   Donne-moi cinq tasses.

5. f

   Donne-moi cinq fourchettes.

6. g

   Donne-moi cinq couteaux.

7. h

   Donne-moi le sel.

8. i

   Donne-moi le poivre.

4. The Japanese couple staying at the French hotel where you work has just called to order breakfast. The hotel serves either an American or a continental breakfast. Tell them what the continental breakfast includes.

Pour le petit déjeuner nous avons

du café,
_____

du lait,
_____

du thé,
_____

du chocolat,
_____

du pain,
_____

du beurre
_____

et de la confiture.
_____

5. Your class is taking a field trip. Tell whom the following people call and then take with them.

MODÈLE: Moi, _____ et puis _____ Charlotte.
Moi, j'appelle et puis j'emmène Charlotte.

1. Solange, tu _____appelles_____ et puis tu _____emmènes_____ Jérémy.

2. Pierre et vous, vous _____appelez_____ et puis vous _____emmenez_____ Marc et Christine.

3. Rosine et Jean, ils _____appellent_____ et puis ils _____emmènent_____ Claudine.

4. Le prof, il _____appelle_____ et puis il _____emmène_____ Jean-Louis et Marie-France.

5. Aurelle et moi, nous _____appelons_____ et puis nous _____emmenons_____ Sylvie, Cédric et Sébastien.

6. Émilie et Valérie, elles _____appellent_____ et puis elles _____emmènent_____ Isabelle et Thierry.

7. Gisèle, elle _____appelle_____ et puis elle _____emmène_____ Laurence.

6. Your school is having a talent show. Give the rehearsal times for the following participants. Use the verb **répéter**, which can also mean "to rehearse."

> MODÈLE: Brigitte / 7 h
> **Brigitte répète à sept heures.**

1. Joséphine / 4 h

   Joséphine répète à quatre heures.

2. Delphine et Étienne / 3 h

   Delphine et Étienne répètent à trois heures.

3. je / 2 h

   Je répète à deux heures.

4. Claire et vous, vous / 5 h

   Claire et vous, vous répétez à cinq heures.

5. Simon, tu / 11 h

   Simon, tu répètes à onze heures.

6. Rémi et moi, nous / midi

   Rémi et moi, nous répétons à midi.

7. Gérard / 1 h 30

   Gérard répète à une heure et demie.

7. Some of the students are not happy with their scheduled rehearsal times and have told you what times they prefer. Tell the director their preferences.

> MODÈLE: Brigitte / 1 h
> **Brigitte préfère répéter à une heure.**

1. Gérard / midi

   Gérard préfère répéter à midi.

2. je / 3 h

   Je préfère répéter à trois heures.

3. Claire, Yvette et Sabine / 11 h

   Claire, Yvette et Sabine préfèrent répéter à onze heures.

4. Rémi et moi / 2 h

   Rémi et moi, nous préférons répéter à deux heures.

5. Simon / 5 h

   Simon préfère répéter à cinq heures.

6. Delphine et Étienne / 4 h 15

   Delphine et Étienne préfèrent répéter à quatre heures et quart.

8. Complete each sentence logically with the correct form of **emmener**, **appeler**, **acheter**, **préférer**, **espérer** or **répéter**.

1. Les élèves _____**répètent**_____ en cours de français.

2. Est-ce que tu ____**emmènes**____ Caroline au café?

3. Nous ne voulons pas commander le poulet. Nous ____**préférons**____ le poisson.

4. ____**Appelez**____ le serveur, s'il vous plaît. Je n'ai pas de cuillère.

5. Elle ____**achète**____ beaucoup de choses parce qu'elle a de l'argent aujourd'hui.

6. J'____**espère**____ être professeur.

7. Ce soir nous ____**emmenons**____ des amis au restaurant.

8. Tu ____**préfères**____ le poisson au poulet?

9. A student is interviewing you and a friend for the school newspaper. Answer using the **nous** form of the verb and one of the expressions from this list.

à l'école	à Nice
du poisson	un régime
en train	les copains
des framboises	

1. Quels fruits achetez-vous au marché?

Nous achetons des framboises au marché.

2. Qu'est-ce que vous préférez manger?

Nous préférons manger du poisson.

3. Comment voyagez-vous?

Nous voyageons en train.

4. Qui appelez-vous après les cours?

Nous appelons les copains après les cours.

5. Où mangez-vous?

Nous mangeons à l'école.

6. Qu'est-ce que vous commencez demain?

Nous commençons un régime demain.

7. Où espérez-vous aller en vacances?

Nous espérons aller en vacances à Nice.

10. Mrs. Mason has just returned from France. According to her, everything there is beautiful. Tell how she would answer the following questions, using the words in parentheses. Make all necessary changes.

MODÈLE: Comment est Paris? (ville)
C'est une belle ville.

1. Comment est l'Hôtel Crillon à Paris? (hôtel)

C'est un bel hôtel.

2. Comment est la Seine? (fleuve)

C'est un beau fleuve.

3. Comment sont les maisons à Rouen? (maisons)

Ce sont de belles maisons.

4. Comment sont les appartements à Tours? (appartements)

Ce sont de beaux appartements.

5. Comment est la France? (pays)

C'est un beau pays.

6. Comment est le français? (langue)

C'est une belle langue.

7. Comment est Roissy-Charles de Gaulle? (aéroport)

C'est un bel aéroport.

8. Comment est Beauregard? (village)

C'est un beau village.

9. Comment est la gare de Lyon? (gare)

C'est une belle gare.

11. Mr. Mason is impressed by how old some of the things are that Mrs. Mason has just described. Tell what he would say.

1. Comment est Paris?

C'est une vieille ville.

2. Comment est l'Hôtel Crillon à Paris?

C'est un vieil hôtel.

3. Comment sont les maisons à Rouen?

Ce sont de vieilles maisons.

4. Comment sont les appartements à Tours?

Ce sont de vieux appartements.

5. Comment est la France?

C'est un vieux pays.

6. Comment est Beauregard?

C'est un vieux village.

7. Comment est la gare de Lyon?

C'est une vieille gare.

12. Your parents want to know who the new people are at school this year. Tell them and then add that they're nice.

> MODÈLE: Mme Lambert (prof)
> **C'est un nouveau prof. Elle est très gentille.**

1. Claudine (amie)

   C'est une nouvelle amie. Elle est très gentille.

2. Paul (ami)

   C'est un nouvel ami. Il est très gentil.

3. M. Pascal (prof)

   C'est un nouveau prof. Il est très gentil.

4. Marie et Claire (élèves)

   Ce sont de nouvelles élèves. Elles sont très gentilles.

5. Julien et Bernard (élèves)

   Ce sont de nouveaux élèves. Ils sont très gentils.

6. Roselyne et Cécile (lycéennes)

   Ce sont de nouvelles lycéennes. Elles sont très gentilles.

7. Mme Aubertin (secrétaire)

   C'est une nouvelle secrétaire. Elle est très gentille.

13. Reorder the following words to make complete sentences. Use correct verb forms and add articles where necessary.

1. lait / boire / Josiane / midi / à

   Josiane boit du lait à midi.

2. ne...pas / beaucoup / boire / nous / café

   Nous ne buvons pas beaucoup de café.

3. Michel / boire / Éliane / trop / et / Coca-Cola

   Michel et Éliane boivent trop de Coca-Cola.

4. souvent / boire / tu / ne...pas / eau

   Tu ne bois pas souvent d'eau.

5. thé / boire / Angleterre / beaucoup / on / en

   On boit beaucoup de thé en Angleterre.

6. trop / chocolat / boire / si / aller / vous / vous / grossir

   Vous allez grossir si vous buvez trop de chocolat.

7. maigrir / quand / boire / je / je / vouloir / eau minérale

   Quand je veux maigrir je bois de l'eau minérale.

8. Américains / boire / beaucoup / lait

   Les Américains boivent beaucoup de lait.

14. Mots croisés. Complete the crossword puzzle.

Horizontalement

2. Nous mangeons toujours du ___**beurre**___ avec le pain.

4. Garçon, l'___**addition**___, s'il vous plaît.

6. Je n'aime pas le vin ___**blanc**___ .

9. Les jeunes enfants boivent beaucoup de ___**lait**___ .

11. Vous voulez du ___**sucre**___ dans le café?

13. Le serveur donne le ___**menu**___ au client.

15. Vous voulez du poulet pour le ___**dîner**___ ?

16. En France c'est le ___**serveur**___ qui donne l'addition.

Verticalement

1. La ___**tarte**___ est un dessert.

2. On achète le pain dans une ___**boulangerie**___ .

3. Je vais ___**en**___ France demain.

5. J'espère que le poisson est ___**frais**___ .

7. Je vais ___**commander**___ le menu à cent francs.

8. J'adore la ___**mousse**___ au chocolat.

10. Est-ce que ___**tu**___ veux du poisson aujourd'hui?

12. Dans un ___**couvert**___ il y a une fourchette, un couteau, une cuillère, une assiette et un verre.

14. Tu ___**bois**___ trop de Coca-Cola.

15. In the following excerpt based on the **Lecture**, some words or expressions are missing. Write them in the blanks.

Il est sept heures et demie du _____ **matin** _____, et Sandra va à la

_____ **boulangerie** _____. Yves, le frère de Martine, voudrait trois _____ **croissants** _____

au beurre et un pain au lait parce qu'il _____ **a faim** _____. Martine veut deux

brioches, non, une brioche parce qu'elle ne veut pas _____ **grossir** _____.

La boulangère est toujours très _____ **gentille** _____. Sandra

_____ **regarde** _____ les pâtisseries. Enfin, elle _____ **choisit** _____ des éclairs

pour tout le monde. Les Laurent vont être _____ **contents** _____ ! Ah! Sandra

_____ **oublie** _____ . Elle aussi, elle _____ **veut** _____ des éclairs.

Quand Sandra rentre à la maison, elle _____ **donne** _____ les éclairs à tout

le monde. Comment? Des éclairs pour le _____ **petit déjeuner** _____ ?

Leçon 13

1. See if you can find the letters that spell out twelve colors (masculine forms). The letters may go backwards or forwards; they may go up, down, across or diagonally.

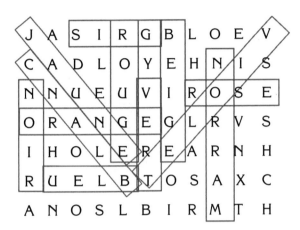

gris	vert
_____	_____
rose	beige
_____	_____
orange	marron
_____	_____
bleu	jaune
_____	_____
noir	blanc
_____	_____
rouge	violet
_____	_____

2. Unscramble the following letters to find nine articles of clothing. Then write them in the appropriate squares. The vertical mystery word in the darkly outlined boxes tells where sale items are often displayed.

1. setev _____ veste

2. taravce _____ cravate

3. nonaaptl _____ pantalon

4. inestn _____ tennis

5. rohst _____ short

6. euctsom _____ costume

7. iieehrmcs _____ chemisier

8. erbo _____ robe

9. rssuhsuace _____ chaussures

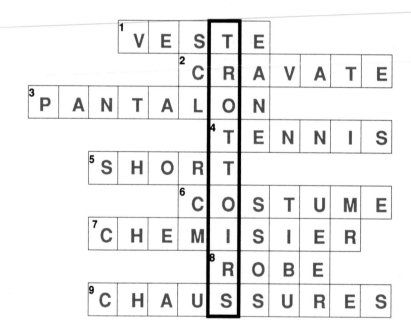

3. Tell what each of the following people is wearing.

1. Sylvie

Elle porte un
_____
chemisier, une
_____
jupe, un manteau
_____
et des chaussures.
_____
_____

2. Jean-Luc

Il porte un tee-shirt,
_____
un short, des
_____
chaussettes et des
_____
tennis.
_____
_____

3. Christophe

Il porte une chemise,
_____
un blue-jean, une
_____
veste et des
_____
chaussures.
_____
_____

4. Monsieur Laurent

Il porte un
_____
costume, une
_____
chemise, une
_____
cravate et des
_____
chaussures.
_____

5. Madame Laurent

Elle porte un
_____
chapeau, une
_____
robe et des
_____
chaussures.
_____
_____

6. Christine, la copine
de Sylvie

Elle porte un pull,
_____
un blue-jean et
_____
des chaussures.
_____
_____

4. While Philippe and Xavier are walking down the street, Philippe notices some interesting clothes on display. Choose the appropriate response to complete Xavier's part of the conversation.

—Et quel âge a-t-elle?

—C'est ça! On va voir demain si j'ai raison!

—Ah oui, ils sont chic. Mais les prix ne sont pas intéressants ici.

—Où sont-ils? Je ne vois pas de pantalons.

—Combien coûtent-ils?

—Ah bon? Comment s'appelle-t-elle?

—Ah oui! Tu vas au restaurant avec Anne-Marie, c'est ça?

—Mais elle est trop vieille pour toi!

—En effet, c'est un bon prix, mais tu n'as pas besoin d'acheter une veste et un pantalon chic.

—Oh, regarde les pantalons!

—Où sont-ils? Je ne vois pas de pantalons.

—Mais si, là-bas avec les vestes. Ils sont vraiment beaux.

—Ah oui, ils sont chic. Mais les prix ne sont pas intéressants ici.

—Mais les habits sont en solde! Regarde la veste marron avec le pantalon beige.

—Combien coûtent-ils?

—Cinq cent cinquante et trois cents francs. Ça fait huit cent cinquante francs.

—En effet, c'est un bon prix, mais tu n'as pas besoin d'acheter une

veste et un pantalon chic.

—Si. Ce soir je vais dîner dans un très bon restaurant, et...

—Ah oui! Tu vas au restaurant avec Anne-Marie, c'est ça?

—Non, non. Ce soir je vais dîner avec une autre amie.

—Ah bon? Comment s'appelle-t-elle?

—Elle s'appelle Marianne.

—Et quel âge a-t-elle?

—Elle a 22 ans.

—Mais elle est trop vieille pour toi!

—Mais non, tu vas voir.

—C'est ça! On va voir demain si j'ai raison!

5. Tell what you and your friends think you see.

MODÈLE: je / Jeanne dans le café
Je crois que je vois Jeanne dans le café.

1. nous / des manteaux avec les pantalons

Nous croyons que nous voyons des manteaux avec les pantalons.

2. Jean-Charles / les pulls sur le trottoir

Jean-Charles croit qu'il voit les pulls sur le trottoir.

3. Julien et Isabelle / des habits en solde

Julien et Isabelle croient qu'ils voient des habits en solde.

4. Vincent et toi / un drapeau à la fenêtre

Vincent et toi, vous croyez que vous voyez un drapeau à la fenêtre.

5. tu / les bons chanteurs à la télé

Tu crois que tu vois les bons chanteurs à la télé.

6. je / une veste bleue

Je crois que je vois une veste bleue.

6. Tell what Marie-France believes about the following people or things. Use the correct form of **avoir** or **être**.

MODÈLE: Sylvie / gentille
Marie-France croit que Sylvie est gentille.

1. tu / de la chance

Marie-France croit que tu as de la chance.

2. Sylvie et Christine / seize ans

Marie-France croit que Sylvie et Christine ont seize ans.

3. nous / en retard

Marie-France croit que nous sommes en retard.

4. vous / soif

Marie-France croit que vous avez soif.

5. les robes / en solde

Marie-France croit que les robes sont en solde.

6. nous / sportifs

Marie-France croit que nous sommes sportifs.

7. vous / mal à la gorge

Marie-France croit que vous avez mal à la gorge.

8. je / raison

Marie-France croit que j'ai raison.

7. You're not having a good day. No matter what the question, you respond in the negative. Use the correct form of **avoir** or **être**.

MODÈLE: soif
Non, je n'ai pas soif.

1. chance

Non, je n'ai pas de chance.

2. raison

Non, je n'ai pas raison.

3. content(e)

Non, je ne suis pas content(e).

4. faim

   Non, je n'ai pas faim.
   _____

5. vingt ans

   Non, je n'ai pas vingt ans.
   _____

6. sportif (sportive)

   Non, je ne suis pas sportif (sportive).
   _____

7. mal au ventre

   Non, je n'ai pas mal au ventre.
   _____

8. trop sympathique

   Non, je ne suis pas trop sympathique.
   _____

8. Answer the following questions as they relate to you.

   1. Êtes-vous sportif (sportive)?

   _____

   2. Quels habits portez-vous aujourd'hui?

   _____

   3. Quelle couleur préférez-vous?

   _____

   4. De quelle couleur sont les habits que vous portez maintenant?

   _____

   5. Vous avez deux cents francs. Quels nouveaux habits allez-vous acheter?

   _____

   6. Qu'est-ce que vous voyez dans la salle de classe?

   _____

   7. Selon vous, qui a de la chance? Pourquoi?

   _____

   8. Quel âge avez-vous?

   _____

9. Look at the following ad and answer these questions. Write out the numbers in French.

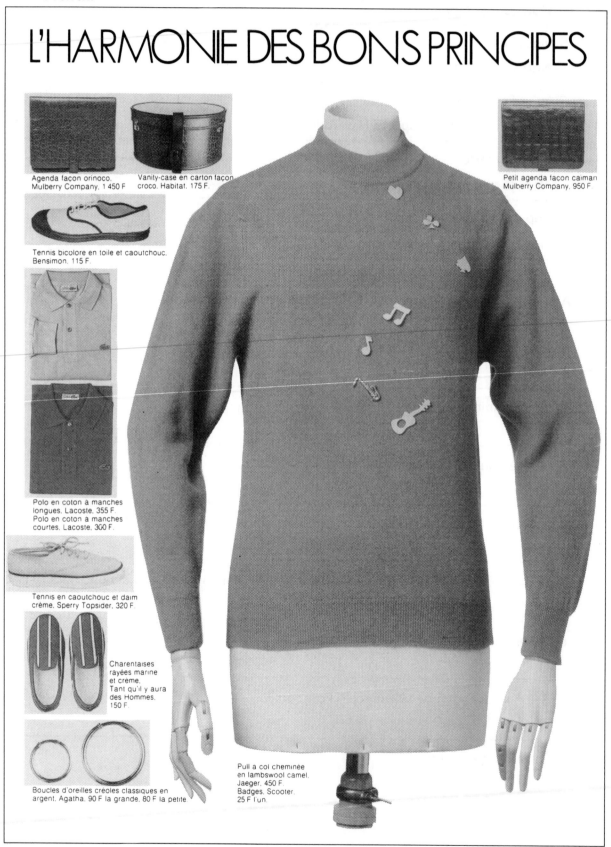

L'HARMONIE DES BONS PRINCIPES

Agenda façon orinoco. Mulberry Company, 1 450 F.

Vanity-case en carton façon croco. Habitat. 175 F.

Petit agenda façon caiman Mulberry Company, 950 F.

Tennis bicolore en toile et caoutchouc. Bensimon. 115 F.

Polo en coton à manches longues. Lacoste, 355 F.
Polo en coton à manches courtes. Lacoste, 360 F.

Tennis en caoutchouc et daim crème. Sperry Topsider, 320 F.

Charentaises rayées marine et crème. Tant qu'il y aura des Hommes. 150 F.

Boucles d'oreilles créoles classiques en argent. Agatha. 90 F la grande, 80 F la petite.

Pull a col cheminée en lambswool camel. Jaeger, 450 F.
Badges. Scooter. 25 F l'un.

1. Combien coûte le petit agenda façon caïman?

   Il coûte neuf cent cinquante francs. _____

2. Combien coûte le polo à manches longues?

   Il coûte trois cent cinquante-cinq francs. _____

3. Combien coûte l'autre polo?

   Il coûte trois cents francs. _____

4. Combien coûtent les tennis bicolores?

   Elles coûtent cent quinze francs. _____

5. Combien coûte la grande boucle d'oreille?

   Elle coûte quatre-vingt-dix francs. _____

6. Et la petite boucle d'oreille, combien coûte-t-elle?

   Elle coûte quatre-vingts francs. _____

7. Combien coûte le pull?

   Il coûte quatre cent cinquante francs. _____

10. Now look at the following ad and answer these questions. Write out the numbers in French.

Pour s'habiller confortablement du matin au soir, se sentir aussi bien dans ses charentaises que sur un court de tennis, courir d'un rendez-vous à un déjeuner d'affaires et partir du bon pied et de belle humeur en voyage ou en week-end, des vêtements chics et des accessoires bien pensés qui vous faciliteront la vie.

L'ESSENTIEL 88

Lunettes « Wayfarer », monture façon écaille. Ray-Ban, 418 F.

Sac cabas en veau velours marron, La Bagagerie, 750 F.

Bandana en coton, Pink Soda, 25 F.

Ceinture en cuir façon alligator, boucle western, cœur bronze, Mulberry Company, 240 F.

Chemise en chambray, Liberto, 270 F.

Opinel géant, Le Vieux Campeur, 41,70 F (existe de 6 à 12 cm).

Chaussettes longues à losanges, Burlington, 69 F.

Gants en pécari gold, Le Printemps, 359 F.

Duffle-coat en pure laine vierge beige, Old England, 2 890 F. Gants en pécari, Le Printemps, 359 F. Blouson en jean, Donovan, 389 F. Tee-shirt en coton, Hanes, 50 F. Photos Pascal Moraiz.

Montre d'homme, bracelet en autruche avec date, jours et phases lunaires. Tant qu'il y aura des Hommes, 1 390 F.

Montre Kelly, bracelet en porc naturel, Hermès, 4 800 F.

1. De quelle couleur est le manteau (*duffle-coat*)?

   Il est beige.
   _____

2. Combien coûte la ceinture?

   Elle coûte deux cent quarante francs.
   _____

3. Combien coûte le blouson en jean?

   Il coûte trois cent quatre-vingt-neuf francs.
   _____

4. Combien coûte le tee-shirt?

   Il coûte cinquante francs.
   _____

5. Combien coûte la chemise?

   Elle coûte deux cent soixante-dix francs.
   _____

6. Combien coûtent les chaussettes?

   Elles coûtent soixante-neuf francs.
   _____

7. Combien coûte le sac?

   Il coûte sept cent cinquante francs.
   _____

8. De quelle couleur est le sac?

   Il est marron.
   _____

11. Write out the following problems and then answer them.

1. 999 - 99 = _____ ?

Combien font neuf cent quatre-vingt-dix-neuf moins quatre-vingt-dix-neuf _____ ?

Neuf cents _____ .

2. 87 + 88 = _____ ?

Combien font quatre-vingt-sept et quatre-vingt-huit _____ ?

Cent soixante-quinze _____ .

3. 61 + 540 = _____ ?

Combien font soixante et un et cinq cent quarante _____ ?

Six cent un _____ .

4. 476 - 191 = _____ ?

Combien font quatre cent soixante-seize moins cent quatre-vingt-onze _____ ?

Deux cent quatre-vingt-cinq _____ .

5. 800 - 229 = _____ ?

Combien font huit cents moins deux cent vingt-neuf _____ ?

Cinq cent soixante et onze _____ .

6. 372 + 408 = _____ ?

Combien font trois cent soixante-douze et quatre cent huit _____ ?

Sept cent quatre-vingts _____ .

12. Complete the following sentences according to the **Actualité culturelle**.

1. Many of the leading fashion designers work in Paris because it is the
   center of high fashion   .

2. Some well-known French designers are _____
   Saint Laurent, Lanvin, Cardin, Dior, Chanel, Lapidus and Ungaro
   _____ .

3. Along the _____ *rue du Faubourg St-Honoré* _____
   you find stylish Parisian boutiques.

4. Like French women, French men are very ____ **style conscious** ____ .

5. **Printemps** and the **Galeries Lafayette** are ___ **department stores** ___ .

6. The French name for a shopping mall is a ___ *centre commercial* ___ .

7. Two originally American clothing items popular with young people in France and
   throughout Europe are _____ **blue jeans and T-shirts** _____ .

8. American brands of jeans cost _____ **much more** _____ in France than in
   the U.S.

13. Correct the errors in the following statements according to the **Actualité culturelle**.

1. The public is invited each season to shows where the fashion designers' latest collections are unveiled.

   Selected fashion critics, important clients and store representatives

   are invited to view the new collections.

2. Chanel is known not only for fashion but also for French chocolate.

   Chanel is known not only for fashion but also for perfume.

3. The average French person isn't concerned with clothes or following the latest fashion trends.

   The French follow trends in style very closely because they like to be well

   dressed.

4. There are proportionally as many shopping malls in France as in the U.S.

   There are proportionally fewer shopping malls in France than in the U.S.

5. Renovated inner-city shopping areas in France are reserved for cars and buses.

   Renovated inner-city shopping areas in France are reserved for pedestrians.

6. Blue jeans made in France have an American look.

   Blue jeans made in France have a distinctive European look or cut.

7. Hardly any French people still do their shopping in small shops or boutiques.

   Many French people still do their shopping in small shops or boutiques.

8. Regarding clothing, the French believe that quantity is more important than quality.

   The French believe that quality is more important than quantity.

Leçon 14

1. Here is Valérie's school schedule. After the name of the subject, write the days that she goes to that class.

LUNDI	MARDI	MERCREDI	JEUDI	VENDREDI	SAMEDI
français biologie anglais déjeuner espagnol géographie	mathématiques éducation physique et sportive déjeuner musique	espagnol français mathématiques	mathématiques espagnol anglais déjeuner biologie	histoire mathématiques français déjeuner anglais	histoire anglais

1. français: **lundi, mercredi, vendredi**

2. espagnol: **lundi, mercredi, jeudi**

3. anglais: **lundi, jeudi, vendredi, samedi**

4. mathématiques: **mardi, mercredi, jeudi, vendredi**

5. musique: **mardi**

6. histoire: **vendredi, samedi**

7. géographie: **lundi**

8. biologie: **lundi, jeudi**

2. Write the day of the week when the following events take place.

1. Thanksgiving: _____ **jeudi** _____

2. Labor Day: _____ **lundi** _____

3. the first full day of the weekend: _____ **samedi** _____

4. the day of worship in churches: _____ **dimanche** _____

5. the big Carnival parade in New Orleans: _____ **mardi** _____

6. the evening of worship in synagogues: _____ **vendredi** _____

7. the day of ashes, the first day of Lent: _____ **mercredi** _____

3.

JANVIER			SALLE RICHELIEU
Jeudi	1er	14 h 30	Le Bourgeois gentilhomme
		20 h 30	Le Songe d'une nuit d'été
Vendredi	2	20 h 30	La Parisienne et Veuve !
Samedi	3	20 h 30	Le Bourgeois gentilhomme
Dimanche	4	14 h	Le Songe d'une nuit d'été
		20 h 30	Le Bourgeois gentilhomme
Lundi	5	20 h 30	La Parisienne et Veuve !
Mardi	6	20 h 30	Le Songe d'une nuit d'été
Mercredi	7	14 h 30	Le Bourgeois gentilhomme (hors abonnement)
		20 h 30	La Parisienne et Veuve !
Jeudi	8	20 h 30	Le Bourgois gentilhomme
Vendredi	9	20 h 30	Le Songe d'une nuit d'été
Samedi	10	14 h	Le Songe d'une nuit d'été (abonnement classique série 2)
		20 h 30	Le Bourgeois gentilhomme
Dimanche	11	14 h 30	La Parisienne et Veuve !
		20 h 30	Le Songe d'une nuit d'été
Lundi	12	20 h 30	Le Bourgeois gentilhomme
Mardi	13	20 h 30	Le Songe d'une nuit d'été
Mercredi	14	14 h	Le Songe d'une nuit d'été (abonnement classique série jaune)
		20 h 30	La Parisienne et Veuve !
Jeudi	15	20 h 30	Le Bourgeois gentilhomme + Hommage à Molière Soirée « ouverte » ✳
Vendredi	16		Relâche pour répétitions
Samedi	17	20 h 30	Turcaret
Dimanche	18	14 h 30	Turcaret
		20 h 30	Le Songe d'une nuit d'été
Lundi	19	20 h 30	Turcaret (salle réservée)
Mardi	20	20 h 30	Turcaret (salle réservée)
Mercredi	21	14 h	Le Songe d'une nuit d'été (abonnement classique série rouge)
		20 h 30	La Parisienne et Veuve !
Jeudi	22	20 h 30	Le Bourgeois gentilhomme
Vendredi	23	20 h 30	Turcaret
Samedi	24	20 h 30	Soirée « ouverte » ✳

Dimanche	25	14 h	Matinée « ouverte » ✳
		20 h 30	Le Bourgeois gentilhomme
Lundi	26	20 h 30	Le Songe d'une nuit d'été
Mardi	27	20 h 30	La Parisienne et Veuve !
Mercredi	28	14 h 30	Turcaret (abonnement classique série blanche)
		20 h 30	Le Songe d'une nuit d'été
Jeudi	29	20 h 30	Turcaret
Vendredi	30	20 h 30	Littéraire 2 : Esther
Samedi	31	14 h	Le Songe d'une nuit d'été (abonnement classique série 3)
		20 h 30	Littéraire 2 : Esther

Attention : toutes les matinées du spectacle **le Songe d'une nuit d'été** commencent à 14 heures précises.

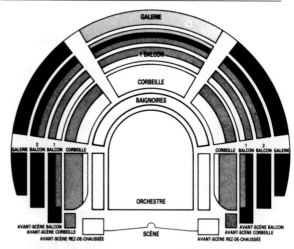

LOCATION OUVERTE TOUS LES JOURS DE 11 H A 18 H

CATÉGORIES / PRIX DES PLACES

17 F	40 F	48 F	70 F	120 F

Attention : pour « Le Bourgeois gentilhomme »
tarif exceptionnel : 30, 65, 75, 110, 165 Francs.

Les places à 17 F (30 F pour le « Bourgeois gentilhomme ») sont en vente au « petit bureau » de la rue Montpensier trois quart d'heure avant chaque représentation.

Nom:_____ Date:_____

Jeff will go to Paris in January. He wants to see Shakespeare's play *Le Songe d'une nuit d'été (A Midsummer Night's Dream)* at the **Comédie-Française**. Write in English the days, dates and times of the play.

MODÈLE: **Thursday, January 1, 8:30 P.M.**

1. **Sunday, January 4, 2:00 P.M.** _____
2. **Tuesday, January 6, 8:30 P.M.** _____
3. **Friday, January 9, 8:30 P.M.** _____
4. **Saturday, January 10, 2:00 P.M.** _____
5. **Sunday, January 11, 8:30 P.M.** _____
6. **Tuesday, January 13, 8:30 P.M.** _____
7. **Wednesday, January 14, 2:00 P.M.** _____
8. **Sunday, January 18, 8:30 P.M.** _____
9. **Wednesday, January 21, 2:00 P.M.** _____
10. **Monday, January 26, 8:30 P.M.** _____
11. **Wednesday, January 28, 8:30 P.M.** _____
12. **Saturday, January 31, 2:00 P.M.** _____

4. Complete each sentence with the appropriate expression from the list.

encore	l'après-midi
perd son temps	sous pression
semaine	fait du ski de fond
fête	le matin
le soir	

1. Martin trouve qu'il _____**perd son temps**_____ à l'école.

2. À quelle heure allez-vous à l'école _____**le matin**_____ ?

3. Dominique a trop de travail. Elle est _____**sous pression**_____ .

4. Quels sont les jours de la _____**semaine**_____ ?

5. Maman n'aime pas beaucoup le sport, mais elle _____**fait du ski de fond**_____ .

6. Tu as _____**encore**_____ une mauvaise note?

7. Jeanne va danser _____**le soir**_____ .

8. Alice finit à midi. Elle n'a pas de cours _____**l'après-midi**_____ .

9. "Thanksgiving" est une _____**fête**_____ américaine.

5. People are waiting for something. Tell what they're waiting for.

MODÈLE: Claudine / l'addition
Elle attend l'addition.

1. Julien et Marie / le contrôle de maths

Ils attendent le contrôle de maths.

2. moi / ma note de biologie

J'attends ma note de biologie.

3. nous / le week-end

Nous attendons le week-end.

4. Charlotte et Monique / la semaine prochaine

Elles attendent la semaine prochaine.

5. vous / les vacances

Vous attendez les vacances.

6. on / dimanche

On attend dimanche.

7. Marc / le bus

Il attend le bus.

8. tu / la fête de l'école

Tu attends la fête de l'école.

6. Complete each sentence with the appropriate form of one of the verbs from the list.

répondre   attendre
faire   avoir
perdre   rendre

1. Aujourd'hui le prof de maths _____**rend**_____ le contrôle. Il est très content parce qu'il y a beaucoup de bonnes notes.

2. Arnaud ne _____**perd**_____ pas son temps.

3. Qu'est-ce que tu _____**as**_____, mal à la tête?

4. Je _____**réponds**_____ très mal sous pression.

5. La semaine prochaine nous allons _____**faire**_____ du ski de fond dans les Alpes.

6. Jeanne et Arielle _____**ont**_____ de la chance.

7. Nous _____**perdons**_____ souvent la tête quand le prof donne un contrôle difficile.

8. Quel bus _____**attendez**_____ -vous, le 21 ou le 27?

7. Only the first and last lines of the following dialogue are in order. Rewrite the dialogue, putting the other lines in logical order.

—Nous sommes vendredi, et les vacances commencent demain. Où vas-tu la semaine prochaine?
—Si le contrôle est mauvais, je ne vais pas faire de ski avec mes parents.
—Ah bon? Tu ne vas pas en vacances? Pourquoi?
—Je crois que oui.
—Je vais faire du ski. C'est mon sport préféré.
—Et alors? Qu'est-ce que ta note change?
—Et le prof va rendre les contrôles avant les vacances?
—Quel jour vas-tu faire du ski?
—Moi, je reste à la maison.
—Mercredi. Et toi, qu'est-ce que tu vas faire?
—Parce que j'attends ma note de biologie.
—Si c'est ça, tu donnes ta note à tes parents après les vacances!

—Nous sommes vendredi, et les vacances commencent demain. Où vas-tu la semaine prochaine?

—Je vais faire du ski. C'est mon sport préféré.

—Quel jour vas-tu faire du ski?

—Mercredi. Et toi, qu'est-ce que tu vas faire?

—Moi, je reste à la maison.

—Ah bon? Tu ne vas pas en vacances? Pourquoi?

—Parce que j'attends ma note de biologie.

—Et alors? Qu'est-ce que ta note change?

—Si le contrôle est mauvais, je ne vais pas faire de ski avec mes parents.

—Et le prof va rendre les contrôles avant les vacances?

—Je crois que oui.

—Si c'est ça, tu donnes ta note à tes parents après les vacances!

Nom: _____ Date: _____

8. Mots croisés. Complete the crossword puzzle.

Horizontalement

2. Si Arnaud ne _____**réussit**_____ pas en maths, il ne va pas en vacances.

5. Voilà Anne et Marc, et voilà ____**leur**____ prof.

6. Véronique a une bonne ____**note**____ en français.

8. Il y a des livres sur le pupitre de Claire, mais ce ne sont pas ____**ses**____ livres.

10. Je perds toujours ____**ma**____ cravate.

11. Tu as ____**encore**____ une mauvaise note.

13. Elle travaille mal ____**sous**____ pression.

14. ____**Pauvre**____ Cécile! Elle ne va pas en vacances.

15. Tu vas faire du ski avec ____**ta**____ copine?

16. Le ski de fond est mon sport ____**préféré**____ .

18. Je ____**danse**____ le samedi soir avec les copains.

Verticalement

1. ____**Dimanche**____ est avant lundi.

2. Tu ____**rends**____ ses skis à Claudine?

3. J'étudie souvent le ____**soir**____ .

4. Noël est une ____**fête**____ .

7. Il va perdre son ____**temps**____ en cours de biologie.

9. Quel ____**jour**____ sommes-nous?

10. Le contrôle de Julien est très ____**mauvais**____ . Il a un zéro.

12. Le ski est mon ____**sport**____ préféré.

17. Ma copine espère avoir ____**sa**____ note de maths avant les vacances.

9. It's vacation time, and people can't find things that they've packed. Tell what they can't find.

MODÈLE: Sylvie / chemisier
Elle ne trouve pas son chemisier.

1. Martine / pull

Elle ne trouve pas son pull. _____

2. Paul / argent

Il ne trouve pas son argent. _____

3. Claudine / chaussures

Elle ne trouve pas ses chaussures. _____

4. Bernard / tee-shirt

Il ne trouve pas son tee-shirt. _____

5. Georges / chaussettes

Il ne trouve pas ses chaussettes. _____

6. Michel / cravate

Il ne trouve pas sa cravate. _____

7. Caroline / blue-jean

Elle ne trouve pas son blue-jean. _____

8. Charlotte / veste

Elle ne trouve pas sa veste. _____

10. Your family is going on a trip, and your father is asking everybody for different things to put in the suitcases. Write what the following people say when they give him something.

MODÈLE: Martine, donne-moi ton pull!
Voilà mon pull.

1. Paul, donne-moi mes chaussures!

Voilà tes chaussures.

2. François, donne-moi le sac de Martine!

Voilà son sac.

3. Maman, donne-moi la cravate de Paul!

Voilà sa cravate.

4. Paul et Martine, donnez-moi votre argent!

Voilà notre argent.

5. François et Paul, donnez-moi vos pantalons!

Voilà nos pantalons.

6. Maman, donne-moi ton chapeau!

Voilà mon chapeau.

7. François, donne-moi tes chaussettes!

Voilà mes chaussettes.

8. Martine, donne-moi ta jupe!

Voilà ma jupe.

9. François, donne-moi mon manteau!

Voilà ton manteau.

11. Marie-Hélène wants to know who has what. Answer her.

MODÈLE: Tu fais un tour en vélo avec Chantal. Ce sont vos vélos?
Oui, ce sont nos vélos.

1. C'est l'amie de Charles?

Oui, **c'est son amie.**

2. C'est l'appartement de M. et Mme Poussard?

Oui, **c'est leur appartement.**

3. C'est ma cassette?

Non, **ce n'est pas ta cassette.**

4. Ce sont nos contrôles?

Oui, **ce sont vos contrôles.**

5. C'est la note de Marie-France?

Non, **ce n'est pas sa note.**

6. Ce sont tes parents?

Oui, **ce sont mes parents.**

7. Tu voyages avec Henri. C'est votre train?

Oui, **c'est notre train.**

8. Ce sont les billets de René et Francine?

Oui, **ce sont leurs billets.**

9. C'est ta copine?

Oui, **c'est ma copine.**

12. Sophie is talking about her family and herself. Fill in each blank with the appropriate form of the possessive adjective.

J'habite dans un appartement avec ___**mes**___ parents. ___**Notre**___ appartement est très grand. ___**Mes**___ parents travaillent. Papa travaille dans un laboratoire. ___**Son**___ laboratoire est loin de la maison. Maman travaille à l'aéroport. Moi, je vais au lycée Racine. ___**Mon**___ école est très belle, et ___**mes**___ professeurs sont très sympa. J'aime beaucoup ___**mon**___ prof de français et ___**mon**___ prof d'espagnol parce que ___**leurs**___ contrôles sont toujours très faciles. J'adore les langues. ___**Ma**___ langue préférée est l'espagnol.

13. There is one incorrect word or expression in each of the following sentences. Correct each mistake according to the **Lecture** in **Leçon 14**.

1. Michel habite à Ossès, une grande ville dans le Pays Basque.

   Michel habite à Ossès, un village dans le Pays Basque.

2. Aujourd'hui c'est lundi, un jour de fête.

   Aujourd'hui c'est samedi, un jour de fête.

3. Maïté va faire des danses acrobatiques.

   Maïté va faire des danses folkloriques.

4. Michel et Christophe sont à côté de Maïté.

   Michel et Christophe sont à côté de leurs parents.

5. On commence avec la danse des enfants.

   On commence avec la danse des adultes.

6. Les femmes portent un chemisier rouge.

   Les femmes portent un chemisier blanc.

7. Les hommes portent une chemise noire.

   Les hommes portent une chemise blanche.

8. Tout le monde rigole parce qu'un homme perd sa chaussure.

   Tout le monde rigole parce qu'un homme perd sa chaussette.

9. Les filles portent une jupe blanche.

   Les filles portent une jupe rouge.

10. Les garçons portent un pantalon rouge.

    Les garçons portent un pantalon blanc.

11. Michel est trop vieux pour faire les danses acrobatiques.

    Michel est trop jeune pour faire les danses acrobatiques.

12. Les clowns Jojo et Martin font des danses avec des vaches.

    Les clowns Jojo et Martin font des acrobaties avec des vaches.

Leçon 15

1. Since your new job involves a lot of travel, you are going to be in different places at different times of the year. Ask your travel agent how the weather is in the following places during the seasons indicated.

MODÈLE: Bruxelles / automne
Quel temps fait-il à Bruxelles en automne?

1. Montréal / printemps

   Quel temps fait-il à Montréal au printemps?

2. Suisse / été

   Quel temps fait-il en Suisse en été?

3. Sénégal / hiver

   Quel temps fait-il au Sénégal en hiver?

4. Rabat / printemps

   Quel temps fait-il à Rabat au printemps?

5. Angleterre / automne

   Quel temps fait-il en Angleterre en automne?

6. Italie / hiver

   Quel temps fait-il en Italie en hiver?

7. Brasilia / été

   Quel temps fait-il à Brasilia en été?

8. Martinique / automne

   Quel temps fait-il à la Martinique en automne?

2. Describe the weather in each picture. Begin by telling the season.

1. __C'est l'automne.__

   __Il fait du vent et il fait frais.__

2. __C'est l'automne. Il fait beau.__

   _____

3. __C'est l'hiver. Il neige__

   __et il fait froid.__

4. __C'est le printemps.__

   __Il fait mauvais. Il pleut.__

5. __C'est le printemps.__

   __Il fait beau.__

6. __C'est l'été. Il fait du soleil, et il fait__

   __très chaud.__

3. Jean-Louis and Vincent are at Albertville for a weekend of skiing. After getting up, they make plans for the day. Choose the appropriate reply to complete Vincent's part of the conversation.

—Écoute! On ne va pas dans une station de ski en hiver pour bronzer.
—Mauvais? Il neige un peu, il fait froid, mais il ne fait pas mauvais.
—Comment? Tu ne fais pas de ski aujourd'hui?
—On va descendre au village pour déjeuner.
—Pourquoi, Jean-Louis? Ça ne va pas?
—D'accord, à une heure.
—Oui, c'est une bonne idée. À quelle heure?
—Eh bien, va bronzer si tu veux. Moi, je vais faire du ski avec Brigitte. Je préfère les filles sportives.

—Mince! Quelquefois je n'ai vraiment pas de chance.

—Pourquoi, Jean-Louis? Ça ne va pas?

—Non, regarde dehors. Il fait mauvais.

—Mauvais? Il neige un peu, il fait froid, mais il ne fait pas mauvais.

—Si, il fait mauvais. Moi, je veux bronzer.

—Comment? Tu ne fais pas de ski aujourd'hui?

—Non, je vois Stéphanie sur la terrasse à dix heures, et s'il fait beau, nous restons là pour bronzer.

—Écoute! On ne va pas dans une station de ski en hiver pour bronzer.

—Si, et puis, on rencontre aussi des filles.

—Eh bien, va bronzer si tu veux. Moi, je vais faire du ski avec Brigitte.

Je préfère les filles sportives.

—Et qu'est-ce que vous allez faire après le ski?

—On va descendre au village pour déjeuner.

—Nous aussi, s'il ne fait pas de soleil. On déjeune ensemble?

—Oui, c'est une bonne idée. À quelle heure?

—À une heure. Ça va?

—D'accord, à une heure.

4. In the letter grid find the words that complete the sentences.

1. Restons _____**dehors**_____ sur la terrasse.

2. Super! Il fait du _____**soleil**_____ . On va bronzer.

3. Il fait dix. Il fait _____**frais**_____ aujourd'hui.

4. Il fait vingt. Il fait _____**presque**_____ chaud.

5. Il pleut souvent au _____**printemps**_____ .

6. Il fait très chaud en _____**été**_____ .

7. _____**Prenez**_____-vous une leçon de ski?

8. Tu mets ta tenue de _____**ski**_____ ?

9. _____**Mince**_____! Il fait froid et il neige encore.

10. Ils ont l'_____**air**_____ sportif.

11. Il faut aller à Paris pour _____**visiter**_____ le Louvre.

12. Il fait trop froid _____**pour**_____ bronzer.

13. Il fait beau _____**surtout**_____ en été.

5. Kiki wants to know what you think of the seasons and the weather where you live. In a short paragraph tell Kiki whether you like or dislike each season and why. Also tell what typical Celsius temperatures are in each season. (The **Expansion** in **Leçon 15** may help you.)

Cher Kiki,

_____

_____

_____

_____

_____

_____

_____

_____

_____

_____

_____

6. Say if the people or things shown here look old, young, nice, unpleasant, athletic, good, happy or fresh.

MODÈLE:

Il a l'air content.

1. **Ils ont l'air frais.**

_____

2. **Elle a l'air jeune.**

3. **Elles ont l'air sportif.**

4. **Ils ont l'air sympa.**

5. **Il a l'air vieux.**

_____

6. **Elle a l'air bon.**

7. **Il a l'air désagréable.**

_____

7. Tell whether people are warm, very warm, cold or very cold if they go bicycling when the temperature is the following degrees Celsius.

MODÈLE: -5°

Quand il fait moins cinq, on a froid si on fait un tour en vélo.

1. 25°

Quand il fait vingt-cinq, on a chaud si on fait un tour en vélo.

2. -20°

Quand il fait moins vingt, on a très froid si on fait un tour en vélo.

3. 30°

Quand il fait trente, on a chaud si on fait un tour en vélo.

4. 40°

Quand il fait quarante, on a très chaud si on fait un tour en vélo.

5. 2°

Quand il fait deux, on a froid si on fait un tour en vélo.

6. -15°

Quand il fait moins quinze, on a très froid si on fait un tour en vélo.

7. 38°

Quand il fait trente-huit, on a très chaud si on fait un tour en vélo.

8. Ask if the following people are putting on the clothes pictured here as they get ready to go out.

MODÈLE:

Frédéric
Frédéric met-il sa cravate?

1. Mélanie

Mélanie met-elle

son manteau?

2. les filles

Les filles mettent-

elles leur(s) jean(s)?

3. vous

Mettez-vous

votre chapeau?

4. je

Est-ce que je mets

mon pull?

5. tu

Mets-tu tes

chaussettes?

6. nous

Mettons-nous

nos chaussures?

7. les garçons

Les garçons

mettent-ils

leur(s) veste(s)?

9. Joël says that he does or understands certain things. Tell him that other people do, too.

MODÈLE: Je descends au village ce soir. (Chantal)
Chantal aussi, elle descend au village ce soir.

1. Je comprends pourquoi il fait si froid. (nous)
Nous aussi, nous comprenons pourquoi il fait si froid.

2. Je descends de Paris à Rome. (les Italiennes)
Les Italiennes aussi, elles descendent de Paris à Rome.

3. Je prends des vacances à Pâques. (moi)
Moi aussi, je prends des vacances à Pâques.

4. J'attends les vacances d'été avec impatience. (David)
David aussi, il attend les vacances d'été avec impatience.

5. J'apprends à faire du ski de fond. (mes copains)
Mes copains aussi, ils apprennent à faire du ski de fond.

6. Je comprends pourquoi Kiki aime son maître. (les élèves)
Les élèves aussi, ils comprennent pourquoi Kiki aime son maître.

7. Je prends le petit déjeuner sur la terrasse. (nous)
Nous aussi, nous prenons le petit déjeuner sur la terrasse.

8. J'apprends le français. (Mélanie)
Mélanie aussi, elle apprend le français.

10. Choose from the following expressions to complete each sentence in a logical way.

> pour prendre le petit déjeuner
>   au soleil
> pour avoir beaucoup d'amis
> pour réussir à l'école
> pour avoir chaud en hiver
>
> pour avoir de l'argent
> pour faire du ski
> pour bronzer
> pour faire du ski nautique

1. Il faut travailler _____**pour avoir de l'argent**_____ .

2. Il faut étudier _____**pour réussir à l'école**_____ .

3. Il faut aller à Vars _____**pour faire du ski**_____ .

4. Il faut mettre un manteau _____**pour avoir chaud en hiver**_____ .

5. Il faut rester au soleil _____**pour bronzer**_____ .

6. Il faut aller sur la terrasse ____**pour prendre le petit déjeuner au soleil**____ .

7. Il faut être sympa _____**pour avoir beaucoup d'amis**_____ .

8. Il faut attendre l'été _____**pour faire du ski nautique**_____ .

11. Complete the following sentences according to the **Actualité culturelle**.

1. A traditional first course at the New Year's Eve dinner in France is
_____**raw oysters**_____ .

2. Adults often give gifts of money to children on ____**New Year's Day**____ .

3. The holiday observed on the last day before Lent is called ____**Mardi Gras**____ .

4. On the last day of the Carnival season, the French eat wafer-thin ____**crêpes**____ .

5. For Easter, French children receive Easter eggs, chocolate hens and
chocolate _____**fish**_____ .

6. The French national holiday takes place on ____**July 14th**____ .

7. The major event on Bastille Day in Paris is ____**the military parade**____ .

8. The traditional dessert served at the end of the Christmas feast in France is
_____**the Yule log (la bûche de Noël)**_____ .

12. Correct the errors in the following statements according to the **Actualité culturelle**.

1. After exchanging kisses and champagne toasts at midnight on New Year's Eve, the French immediately go home.

   After exchanging kisses and champagne toasts at midnight on New Year's Eve, the French begin to dance again.

2. If a French person sent you a holiday greeting card, you would probably receive it just before Christmas.

   If a French person sent you a holiday greeting card, you would probably receive it in January.

3. French children receive eggs and candy from the Easter Bunny.

   French children receive eggs and candy from the church bells.

4. The Bastille was a wide avenue where parades were held.

   The Bastille was a prison.

5. On Bastille Day evening in Paris, there is a midnight mass.

   On Bastille Day evening in Paris, there are dances in the streets and a fireworks display.

6. A **crèche** is a Christmas turkey.

   A *crèche* is the traditional manger scene.

7. French children hang their stockings on the fireplace on Christmas Eve.

   French children put their shoes in front of the fireplace on Christmas Eve.

8. French children receive Christmas gifts from Santa Claus.

   French children receive Christmas gifts from *le père Noël*, Father Christmas.

13. Write a short paragraph in which you discuss the differences between the holiday observances in France and in the United States.

_____

_____

_____

_____

_____

_____

_____

Leçon 16

1. The following diagram shows Catherine Lelong's living relatives. Use it to complete the sentences.

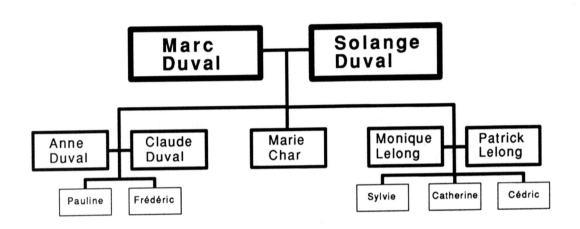

1. Marc Duval est _____le père_____ de Marie Char.

2. Catherine Lelong est _____la cousine_____ de Frédéric Duval.

3. Solange Duval est _____la mère_____ de Monique Lelong.

4. Solange Duval est _____la grand-mère_____ de Pauline Duval.

5. Anne Duval est _____la femme_____ de Claude Duval.

6. Sylvie Lelong est _____la sœur_____ de Catherine Lelong.

7. Cédric Lelong est _____le fils_____ de Patrick Lelong.

8. Pauline et Frédéric Duval, et Sylvie, Catherine et Cédric Lelong sont
_____les petits-enfants_____ de Marc et Solange Duval.

9. Patrick Lelong est _____le mari_____ de Monique Lelong.

10. Marc Duval est _____le grand-père_____ de Frédéric Duval.

11. Pauline et Frédéric Duval sont _____les enfants_____ d'Anne et Claude Duval.

12. Marie Char est _____la tante_____ de Catherine Lelong.

13. Frédéric Duval est _____le cousin_____ de Cédric Lelong.

14. Catherine Lelong est _____la fille_____ de Monique Lelong.

Le français vivant 1

2. Say in which month the following events or holidays occur. (You may want to refer to the **Actualité culturelle** in **Leçon 15**.)

MODÈLE: Noël
en décembre

1. la Fête nationale:	**en juillet**
2. le Jour de l'An:	**en janvier**
3. la fête des Mères:	**en mai**
4. la fête de la Saint-Valentin:	**en février**
5. le premier jour du printemps:	**en mars**
6. le premier jour de l'hiver:	**en décembre**
7. la rentrée:	**en septembre**
8. la fête des Pères:	**en juin**

3.

Fêtes à souhaiter : classement des noms par ordre alphabétique

A
Achille 12 Mai
Abraham 20 Décembre
Adèle 24 Décembre
Adelphe 11 Septembre
Agathe 5 Février
Agnès 21 Janvier
Aimé 13 Septembre
Aimée 20 Février
Alain 9 Septembre
Alban 22 Juin
Albert 15 Novembre
Alexandre 22 Avril
Alexis 17 Février
Alice 16 Décembre
Alida 26 Avril
Aline 20 Octobre
Alix 9 Janvier
Alfred 12 Octobre
Alphonse 1er Août
Amandine 9 Juillet
Ambroise 7 Décembre
Amédée 30 Mars
Amour 9 Août
André 30 Novembre
Angèle 27 Janvier
Anne 26 Juillet
Anselme 21 Avril
Anthelme 26 Juin
Antoine 13 Juin
Apolline 9 Février
Apollinaire 12 Septembre
Aristide 31 Août
Armand 23 Décembre
Armel 16 Août
Arnaud 10 Février
Arsène 9 Juillet
Aubin 1er Mars
Aude 18 Novembre
Audrey 23 Juin
Augusta 24 Novembre
Augustin 28 Août
Aymar 29 Mai

B
Barbara 4 Décembre
Barnabé 11 Juin
Barnard 23 Janvier
Barthélémy 24 Août
Basile 2 Janvier
Baudoin 17 Octobre
Béatrice 13 Février
Bénédicte 16 Mars
Benjamin 31 Mars
Benoît 11 Juillet
Béranger 26 Mai
Bernadette 18 Février
Bernardin 20 Mai
Bernard 20 Août
Bertille 6 Novembre

Bertrand 6 Septembre
Bienvenue 30 Octobre
Blaise 3 Février
Blandine 2 Juin
Boris 2 Mai
Brice 13 Novembre
Brigitte 23 Juillet
Bruno 6 Octobre

C
Carinne 7 Novembre
Casimir 4 Mars
Catherine 25 Novembre
Cécile 22 Novembre
Céline 21 Octobre
Charles 4 Novembre
Charlotte 10 Juillet
Christian 12 Novembre
Christine 24 Juillet
Christophe 21 Août
Claire 11 Août
Clarisse 12 Août
Claude 15 Février
Clémence 21 Mars
Clément 23 Novembre
Clotilde 4 Juin
Colette 6 Mars
Côme 26 Septembre
Constant 23 Septembre
Cyrille 18 Mars

D
Daniel 11 Décembre
David 29 Décembre
Davy 20 Septembre
Denis 9 Octobre
Denise 15 Mai
Diane 9 Juin
Didier 23 Mai
Dimitri 26 Octobre
Dominique 8 Août
Donald 15 Juillet
Donatien 24 Mai

E
Edith 16 Septembre
Edmond 20 Novembre
Edouard 5 Janvier
Edwige 16 Octobre
Elisabeth 17 Novembre
Elisée 14 Juin
Ella 1er Février
Emeline 27 Octobre
Emile 22 Mai
Emilie 19 Septembre
Emma 19 Avril
Enguerran 25 Octobre
Eric 18 Mai
Estelle 15 Mai
Etienne 26 Décembre

Eugénie 7 Février
Evrard 14 Août

F
Fabrice 22 Août
Félicité 7 Mars
Félix 12 Février
Ferdinand 30 Mai
Fernand 27 Juin
Fidèle 24 Avril
Fiacre 30 Août
Firmin 11 Octobre
Flavien 18 Février
Fleur 5 Octobre
Florence 1er Décembre
Florent 4 Juillet
Florentin 24 Octobre
Franç. d'Ass. 4 Octobre
Franç. Sales 24 Janvier
Françoise 9 Mars
Frédéric 18 Juillet
Fulbert 10 Avril

G
Gabin 19 Février
Gaétan 7 Août
Gaston 6 Février
Gatien 18 Décembre
Gautier 9 Avril
Gélase 21 Novembre
Geneviève 3 Janvier
Geoffroy 8 Novembre
Georges 23 Avril
Gérald 5 Décembre
Gérard 3 Octobre
Géraud 13 Octobre
Germain 28 Mai
Ghislain 10 Octobre
Gilbert 7 Juin
Gildas 29 Janvier
Gilles 1er Septembre
Gisèle 7 Mai
Gontran 28 Mars
Grégoire 3 Septembre
Guennolé 3 Mars
Guillaume 10 Janvier
Guy 15 Juin

H
Habib 27 Mars
Hélène 18 Août
Henri 13 Juillet
Herbert 20 Mars
Hermann 25 Septembre
Hervé 17 Juin
Hippolyte 13 Août
Honoré 16 Mai
Honorine 27 Février
Hubert 3 Novembre
Hugues 1er Avril

Hyacinthe 17 Août

I
Ida 13 Avril
Ignace 31 Juillet
Igor 5 Juin
Inès 10 Septembre
Ingrid 2 Septembre
Irène 5 Avril
Irénée 28 Juin
Isabelle 22 Février
Isidore 4 Avril

J
Jacqueline 8 Février
Jacques 25 Juillet
Jean, apôtre 27 Décembre
Jean-Baptiste 24 Juin
Jérôme 30 Septembre
Joël 13 Juillet
Joseph 19 Mars
Judicaël 17 Décembre
Judith 5 Mai
Jules 12 Avril
Julie 8 Avril
Julien 2 Août
Julienne 16 Février
Juliette 30 Juillet
Juste 14 Octobre
Justin 1er Juin
Justine 12 Mars

K
Kévin 3 Juin

L
Larissa 26 Mars
Laurent 10 Août
Lazare 23 Février
Léa 22 Mars
Léger 2 Octobre
Léon 10 Novembre
Léonce 18 Juin
Louis 25 Août
Luc 18 Octobre
Lucie 13 Décembre
Lydie 3 Août

M
Marc 25 Avril
Marcel 16 Janvier
Marcelle 31 Janvier
Marcellin 6 Avril
Marguerite 16 Novembre
Marie 15 Août
Marie-Madel 22 Juillet
Mariette 20 Juillet
Marina 20 Juillet
Marius 19 Janvier
Marthe 29 Juillet
Martial 30 Juin

Martin 11 Novembre
Martine 30 Janvier
Martinien 2 Juillet
Mathias 14 Mai
Mathieu 21 Septembre
Mathilde 14 Mars
Maurice 22 Septembre
Maxime 14 Avril
Médard 8 Juin
Mélaine 6 Janvier
Michel 29 Septembre
Modeste 23 Février
Monique 27 Août

N
Nadège 18 Septembre
Narcisse 29 Octobre
Natacha 26 Août
Nathalie 27 Juillet
Nestor 26 Février
Nicolas 6 Décembre
Nina 14 Janvier
Ninon 6 Décembre
Norbert 6 Juin

O
Odette 20 Avril
Odile 14 Décembre
Olive 5 Mars
Olivier 12 Juillet
Oswald 5 Août

P
Pâcome 9 Mai
Pascal 17 Mai
Patrice 17 Mars
Paul 25 Janvier
     29 Juin
Paule 26 Janvier
Parfait 18 Avril
Paulin 11 Janvier
Peggy 8 Janvier
Pélagie 8 Octobre
Philippe 3 Mai
Pierre 29 Juin
Prisca 18 Janvier
Prosper 25 Juin
Prudence 6 Mai

R
Raissa 5 Septembre
Raoul 7 Juillet
Raymond 7 Janvier
Reine 7 Septembre
Rémi 15 Janvier
Renaud 17 Septembre
René 19 Octobre
Richard 3 Avril
Robert 4 Janvier
Rodolphe 21 Juin
Rodrigue 13 Mars

Roger 30 Décembre
Roland 15 Septembre
Rolande 13 Mai
Romain 28 Février
Romaric 10 Décembre
Roméo 25 Février
Romuald 19 Juin
Rosalie 4 Septembre
Rose 23 Août
Roselyne 17 Janvier

S
Sabine 29 Août
Salomé 21 Octobre
Samson 28 Juillet
Saturnin 29 Novembre
Sébastien 20 Janvier
Serge 7 Octobre
Séverin 27 Novembre
Sidoine 14 Novembre
Silvère 20 Juin
Simon 28 Octobre
Solange 10 Mai
Sophie 25 Mai
Stanislas 11 Avril
Sylvain 4 Mai
Sylvestre 31 Décembre
Sylvie 5 Novembre

T
Tanguy 19 Novembre
Tatiana 12 Janvier
Thècle 24 Septembre
Théodore 9 Novembre
Thérèse 15 Octobre
Thibault 8 Juillet
Thierry 1er Juillet
Thomas 3 Juillet

U
Urbain 19 Décembre
Ulrich 10 Juillet

V
Valentin 14 Février
Valérie 28 Avril
Véronique 4 Février
Victor 21 Juillet
Victorien 23 Mars
Vincent 22 Janvier
Viviane 2 Décembre
Vivien 10 Mars

W
Wenceslas 28 Septembre
Wolfgang 31 Octobre

Y
Yves 19 Mai
Yvette 13 Janvier

Z
Zita 27 Avril

Many French people are named after a saint and celebrate on their saint's day. Write the saint's day of the following famous people, using the calendar which lists the saints.

MODÈLE: Brigitte Bardot
le 23 juillet

1. Louis Pasteur: ————————— le 25 août —————————

2. Nicolas Poussin: ————————— le 6 décembre —————————

3. Charles de Gaulle: ————————— le 4 novembre —————————

4. Pierre Cardin: ————————— le 29 juin —————————

5. Yves Saint Laurent: ————————— le 19 mai —————————

6. Victor Hugo: ————————— le 21 juillet —————————

7. Catherine Deneuve: ————————— le 25 novembre —————————

8. Françoise Hardy: ————————— le 9 mars —————————

9. Marcel Pagnol: ————————— le 16 janvier —————————

10. Georges Pompidou: ————————— le 23 avril —————————

11. Isabelle Adjani: ————————— le 22 février —————————

12. Édith Piaf: ————————— le 16 septembre —————————

13. Jacques Cousteau: ————————— le 25 juillet —————————

14. René Descartes: ————————— le 19 octobre —————————

4. Tell what people can do, given certain conditions. Complete each sentence with a form of **pouvoir** and the appropriate expression from the list.

manger des petits gâteaux	aller au marché
boire du coca	faire du ski
regarder la télé	faire des hamburgers
aller danser	acheter un vélo
mettre un pull	prendre l'autobus

MODÈLE: Si Georgette a faim, elle _____ .
        Si Georgette a faim, elle peut manger des petits gâteaux.

1. Si vous voulez voir "60 Minutes," vous

   pouvez regarder la télé _____ .

2. Si Marie finit son travail, elle

   peut aller danser _____ .

3. Si Claude et Luc ont froid, ils

   peuvent mettre un pull _____ .

4. Si tu vas à Avoriaz, tu

   peux faire du ski _____ .

5. Si nous voulons manger américain, nous

   pouvons faire des hamburgers _____ .

6. Si Pierre et Claudine ont de l'argent, ils

   peuvent acheter un vélo _____ .

7. Si on veut des légumes et des fruits, on

   peut aller au marché _____ .

8. Si Béatrice et Angélique ont soif, elles

   peuvent boire du coca _____ .

9. Si je suis en retard, je

   peux prendre l'autobus _____ .

5. Only the first and last lines of the following dialogue are in order. Rewrite the dialogue, putting the other lines in logical order.

—Maman, c'est l'anniversaire de Papa aujourd'hui, et je dois acheter un cadeau.
—À huit heures, et nous sommes onze.
—Mais non, Maman. Ça fait douze.
—Un livre. Et toi?
—Eh bien, il y a tes grands-parents, ton frère, ton oncle, ta tante, tes cousins Charles et Stéphanie, notre ami Daniel et sa fille Rosine.
—Parce que ton père préfère mes gâteaux. Toi et Mathieu, vous pouvez mettre la table ce soir?
—Et son fils Gilles?
—Qu'est-ce que tu vas acheter?
—Ah bon? Pourquoi est-ce que tu n'achètes pas le gâteau?
—Comment? Douze?
—Onze? Qui va être là?
—Si tu veux. À quelle heure est-ce qu'on dîne?
—Moi, j'ai déjà le cadeau. C'est une cravate. Et puis, je dois faire le gâteau cet après-midi.
—Il ne peut pas être avec nous. Il doit travailler. Donc, ça fait onze avec toi et moi.
—Et Papa, alors?

—Maman, c'est l'anniversaire de Papa aujourd'hui, et je dois acheter un cadeau.

—Qu'est-ce que tu vas acheter?

—Un livre. Et toi?

—Moi, j'ai déjà le cadeau. C'est une cravate. Et puis, je dois faire le gâteau cet après-midi.

—Ah bon? Pourquoi est-ce que tu n'achètes pas le gâteau?

—Parce que ton père préfère mes gâteaux. Toi et Mathieu, vous pouvez mettre la table ce soir?

—Si tu veux. À quelle heure est-ce qu'on dîne?

—À huit heures, et nous sommes onze.

—Onze? Qui va être là?

—Eh bien, il y a tes grands-parents, ton frère, ton oncle, ta tante, tes cousins Charles et Stéphanie, notre ami Daniel et sa fille Rosine.

—Et son fils Gilles?

—Il ne peut pas être avec nous. Il doit travailler. Donc, ça fait onze avec toi et moi.

—Mais non, Maman. Ça fait douze.

—Comment? Douze?

—Et Papa, alors?

6. Your class is visiting Paris. Look at the map of tourist bus routes (**LES LIGNES TOURISTIQUES**), and tell which bus each person must take to get to his or her destination.

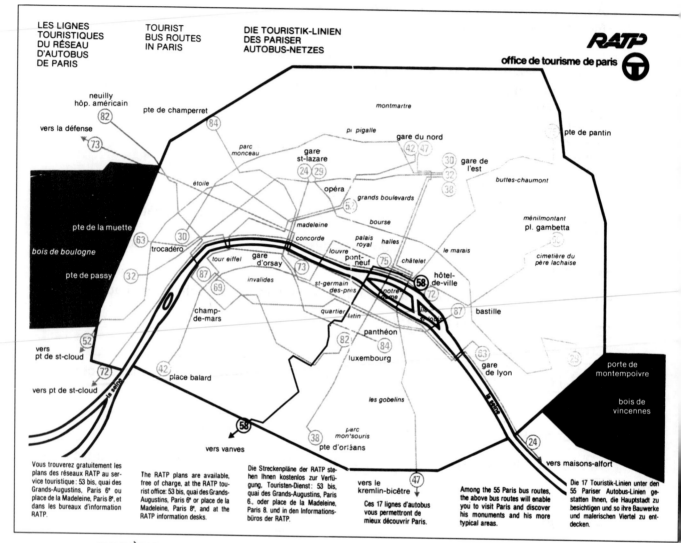

MODÈLE: Mireille / la Défense
Mireille doit prendre le 73.

1. je / la gare de Lyon
   Je dois prendre le 63.

2. Roland et Sylvie / le cimetière du Père-Lachaise
   Roland et Sylvie doivent prendre le 69.

3. nous / le Parc Monceau
   Nous devons prendre le 84.

4. on / la Bastille

On doit prendre le 29 ou le 69.

5. tu / le Bois de Vincennes

Tu dois prendre le 29.

6. vous / le Parc Montsouris

Vous devez prendre le 38.

7. Caroline et Aurelle / le Panthéon

Elles doivent prendre le 84.

8. Rachelle / Ménilmontant

Elle doit prendre le 69.

7. Complete each sentence with the appropriate form of **pouvoir**, **devoir** or **avoir**. Only one verb will fit each blank.

1. Je _____**dois**_____ étudier, mais je ne _____**peux**_____ pas trouver de livres.

2. Nous _____**devons**_____ aider Maman, mais nous n'_____**avons**_____ pas le temps aujourd'hui.

3. Elle _____**doit**_____ maigrir parce qu'elle grossit.

4. Il _____**doit**_____ appeler son frère, mais il ne _____**peut**_____ pas trouver de mon-naie.

5. On _____**doit**_____ acheter un cadeau, mais on n'_____**a**_____ pas assez d'argent.

6. Ils veulent aller danser, mais ils _____**doivent**_____ rester à la maison.

7. Tu _____**dois**_____ cinquante francs à ton copain Jean.

8. Vous _____**devez**_____ écouter le prof si vous voulez une bonne note.

Nom:_____ Date:_____

8. Here are the results of a big math test. Write each student's rank in class.

MODÈLE: Éric, 6/20
 dixième

1. Martine, 18/20: _____ **première** _____

2. Frédéric, 12/20: _____ **cinquième** _____

3. Muriel, 13/20: _____ **quatrième** _____

4. Thomas, 9/20: _____ **huitième** _____

5. Vincent, 15/20: _____ **troisième** _____

6. Lucie, 5/20: _____ **onzième** _____

7. Samuel, 17/20: _____ **deuxième** _____

8. Virginie, 11/20: _____ **sixième** _____

9. Olivier, 10/20: _____ **septième** _____

10. Guillaume, 8/20: _____ **neuvième** _____

11. Bertrand, 3/20: _____ **douzième** _____

9. Répondez en français.

1. Quelle est la date aujourd'hui?

   (Answers will vary.)

2. Quel est le premier jour du printemps?

   C'est le 20/21 mars.

3. Quel est le premier jour de l'été?

   C'est le 20/21 juin.

4. Quel est le premier jour de l'automne?

   C'est le 22/23 septembre.

5. Quel est le premier jour de l'hiver?

   C'est le 21/22 décembre.

6. Quel est le premier jour de l'année?

   C'est le premier janvier.

7. Quand est-ce que vos cours finissent?

   (Answers will vary.)

8. Quelle est la date de votre anniversaire?

   (Answers will vary.)

10. Here are the years in which some important French painters and writers were born. Write them.

    MODÈLE: Auguste Renoir, 1841
           mil huit cent quarante et un

1. Pablo Picasso, 1881

    mil huit cent quatre-vingt-un

2. Claude Monet, 1840

    mil huit cent quarante

3. Jacques Louis David, 1748

    mil sept cent quarante-huit

4. Marc Chagall, 1887

    mil huit cent quatre-vingt-sept

5. Jean-Paul Sartre, 1905

    mil neuf cent cinq

6. Colette, 1873

    mil huit cent soixante-treize

7. Albert Camus, 1913

    mil neuf cent treize

8. Voltaire, 1694

    mil six cent quatre-vingt-quatorze

9. Françoise Sagan, 1935

    mil neuf cent trente-cinq

11. Write the birth dates of eight of your relatives or friends. After each date, tell how the person is related to you.

MODÈLE: **le huit octobre mil neuf cent quarante / ma** tante

1._____

2._____

3._____

4._____

5._____

6._____

7._____

8._____

Nom:_____ Date:_____

12. Mots croisés.

Complete the cross-word puzzle. The mystery word, number 18 down, is a musical note that is the same in English as in French.

Horizontalement

1. Nous prenons trois ____**repas**____ chaque jour.

3. M. Roud donne un ____**cadeau**____ à Christian.

7. Il y a quatre saisons dans l'____**année**____ .

8. Le huitième mois de l'année est ____**août**____ .

9. Janvier est le ____**premier**____ mois de l'année.

10. Vous préférez ____**ce**____ pull-ci?

13. Il y a dix ____**personnes**____ à l'anniversaire de Christian.

15. On ____**doit**____ attendre le gâteau pour voir les cadeaux.

18. Christian ____**ressemble**____ à son grand-père.

19. ____**Cette**____ robe-ci est jolie.

Verticalement

1. Le café est au coin de la ____**rue**____ .

2. Martine est la ____**sœur**____ de Paul. Leurs parents sont M. et Mme Baude.

4. Quelle est la ____**date**____ de votre anniversaire?

5. La fête des Mères est ____**en**____ mai.

6. L'____**anniversaire**____ de Christian est le seize mai.

9. M. Perrin est le ____**père**____ de Christian.

10. ____**Ce**____ manteau-ci est bleu.

11. Il y a douze ____**mois**____ dans une année.

12. Christian a de beaux ____**yeux**____ noirs.

13. Maman ne ____**peut**____ pas aller chercher le gâteau.

14. 18/20 en maths est une très ____**bonne**____ note.

16. ____**Cet**____ appartement-là est très petit.

17. ____**Ces**____ élèves-ci sont en avance.

13. Rewrite the following sentences. Replace the definite articles with the appropriate demonstrative adjectives.

> MODÈLE: Aimez-vous les légumes?
> **Aimez-vous ces légumes?**

1. Nous allons à la boulangerie.

   Nous allons à cette boulangerie. _____

2. La date n'est pas bonne.

   Cette date n'est pas bonne. _____

3. L'appartement est grand et beau.

   Cet appartement est grand et beau. _____

4. Les livres ne sont pas en français.

   Ces livres ne sont pas en français. _____

5. L'ami s'appelle Jérémy.

   Cet ami s'appelle Jérémy. _____

6. Le concierge est très gentil.

   Ce concierge est très gentil. _____

7. Je vais dîner dans le restaurant français.

   Je vais dîner dans ce restaurant français. _____

8. Vous achetez les jolis pulls?

   Vous achetez ces jolis pulls? _____

14. Hervé is showing you around his school. Complete what he says with the appropriate demonstrative adjective.

Notre école est très vieille. Vous voyez la date sur ___cette___ porte? C'est 1883. Tiens, ___cet___ homme-là est M. Dorléac. ___Ce___ professeur de géographie est très sympathique. Voilà maintenant deux laboratoires. ___Ce___ laboratoire-ci est le laboratoire de langues, et ___ce___ laboratoire-là est un laboratoire de sciences. Voilà la cour. ___Cette___ cour est très petite. Voilà des élèves dans la cour. ___Ces___ élèves attendent leur prof. Voilà aussi des salles de classe. ___Cette___ classe-ci est la classe de Mme Bourgeois. Vous voyez, chaque élève a un ordinateur. ___Ces___ ordinateurs sont nouveaux. Tiens, ___cet___ élève travaille déjà.

15. In the following excerpt based on the **Lecture**, some words or expressions are missing. Write them in the blanks.

Aujourd'hui c'est le six ___janvier___, la Fête des Rois. Il y a de très belles galettes dans les ___boulangeries___ et les pâtisseries. Marie-Christine doit aller ___chercher___ la galette. Elle est contente ___parce que___ sa tante Éliane et son oncle Daniel vont ___dîner___ avec la famille. On ___attend___ le dessert avec impatience. C'est Maman qui coupe la galette pour tout le monde. ___Cette___ fois-ci c'est Marie-Christine qui ___trouve___ la fève. Marie-Christine est la reine, et elle ___choisit___ un roi, son oncle Daniel. Quelle bonne ___fête___ !